J.D. PONCE SU KARL MARX

UN'ANALISI ACCADEMICA DEL CAPITALE – VOLUME 1

© 2024 di J.D. Ponce

INDICE

CONSIDERAZIONI PRELIMINARI --5

Capitolo I: CONTESTO STORICO--8

Capitolo II: PAESAGGIO SOCIALE--23

Capitolo III: EVENTI POLITICI--35

Capitolo IV: CLIMA RELIGIOSO --42

Capitolo V: RADICI FILOSOFICHE ---49

Capitolo VI: L'ESPLORAZIONE DELLE MERCI E DEL DENARO ----------69

Capitolo VII: LA TRASFORMAZIONE DEL DENARO IN CAPITALE--------78

Capitolo VIII: PLUSVALORE---87

Capitolo IX: SALARI--122

Capitolo X: L'ACCUMULAZIONE DEL CAPITALE----------------------------137

Capitolo XI: ACCUMULAZIONE PRIMITIVA -----------------------------------147

Capitolo XII: L'IMPATTO DEL CAPITALE SUI SISTEMI ECONOMICI----169

Capitolo XIII: INFLUENZA SUI PENSATORI ECONOMICI------------------172

Capitolo XIV: CRITICHE E CONTROVERSIE --------------------------------175

Capitolo XV: ASCENDENZA IN ALTRI CAMPI DELL'ECONOMIA---------178

Capitolo XVI: MARX, POLITICA E RIFORME ECONOMICHE -------------181

Capitolo XVII: LE 50 CITAZIONI CHIAVE DI KARL MARX-------------------184

CONSIDERAZIONI PRELIMINARI

Das Kapital, noto anche come Capitale: Critica dell'economia politica, è un'opera in più volumi a cui Marx dedicò gran parte della sua vita. La sua pubblicazione nel 1867 segnò una pietra miliare intellettuale significativa, in quanto presentò una profonda critica del capitalismo e del modo di produzione capitalista. L'analisi di Marx espose le contraddizioni intrinseche e la natura sfruttatrice del sistema capitalista, innescando dibattiti e influenzando le generazioni successive di studiosi, attivisti e rivoluzionari.

La struttura di Das Kapital riflette l'approccio meticoloso di Marx alla dissezione dei sistemi economici. Il primo volume, il più noto e ampiamente letto, si concentra sull'analisi del capitalismo a livello di produzione e scambio di merci, svelando i meccanismi attraverso i quali il plusvalore viene generato e appropriato. Questo volume getta le basi per comprendere la natura sfruttatrice del capitalismo, sottolineando l'importanza di comprendere la teoria del valore del lavoro, il concetto di plusvalore e l'interazione tra valore d'uso e valore di scambio.

Marx inizia esplorando il concetto di merce, sottolineandone il ruolo di prodotto del lavoro umano e la sua duplice natura di valore d'uso e valore di scambio. Sostiene che nelle società capitaliste il valore di scambio diventa l'aspetto dominante delle merci, poiché vengono prodotte principalmente allo scopo di scambio e profitto. Marx introduce la teoria del valore-lavoro, sostenendo che il valore di una merce è determinato dal tempo di lavoro socialmente necessario richiesto per produrla. Analizzando il processo lavorativo, espone la natura sfruttatrice della produzione capitalista, in cui ai lavoratori vengono pagati salari che non riflettono adeguatamente il valore che producono attraverso il loro lavoro, con conseguente sfruttamento e appropriazione del plusvalore da parte dei capitalisti.

L'analisi di Marx dei processi di produzione capitalistici e dell'accumulazione di capitale costituisce una parte significativa di Das Kapital. Esplora concetti quali la spesa in conto capitale, la relazione tra capitale fisso e variabile e il ruolo dei macchinari nel modo di produzione capitalista. Marx illustra come l'accumulazione di capitale sia guidata dalla pressione costante per aumentare il plusvalore, spesso a spese dei diritti e del benessere dei lavoratori. Chiarisce i meccanismi attraverso cui i capitalisti sfruttano i lavoratori e sottolinea i conflitti intrinseci che derivano dalla relazione antagonistica tra borghesia e proletariato.

In tutto Das Kapital, Marx impiega un quadro materialista dialettico radicato nel materialismo storico. Sostiene che la produzione sociale, l'organizzazione del lavoro e la distribuzione dei beni sono modellate e influenzate dalle condizioni storiche di ogni epoca. Marx sottolinea il ruolo della lotta di classe nel guidare il cambiamento storico, affermando che le contraddizioni e i conflitti tra borghesia e proletariato caratterizzano le società capitaliste.

Il metodo dialettico di Marx gli consente di analizzare criticamente le contraddizioni insite nelle società capitaliste. Dimostra come la ricerca incessante del profitto e dell'accumulazione di capitale porti a crisi, sovrapproduzione e sfruttamento dei lavoratori. Marx sostiene che il capitalismo porta in sé i semi della sua stessa distruzione, poiché le contraddizioni insite tra borghesia e proletariato alimentano la lotta di classe e i movimenti rivoluzionari. Chiede l'abolizione del capitalismo e l'istituzione di una società comunista, in cui la produzione è controllata collettivamente e la ricchezza è condivisa equamente.

In Das Kapital, Marx affronta e dissipa molte delle nozioni e teorie economiche prevalenti del suo tempo, come l'idea di un equilibrio naturale nei mercati e la fallacia della domanda e dell'offerta che determinano il valore. Sfidando queste ortodossie, Marx presenta un'alternativa radicale che richiede la trasformazione delle strutture economiche e sociali per dare priorità alla giustizia sociale e al benessere umano.

L'analisi contenuta in Das Kapital è rigorosa e complessa, e richiede un'attenta attenzione ai dettagli e una comprensione dell'approccio metodologico di Marx. Nonostante la sua natura formidabile, il libro rimane un'opera fondamentale nei campi dell'economia, delle scienze politiche e della sociologia. La sua rilevanza duratura risiede nella sua capacità di scoprire i meccanismi di sfruttamento del capitalismo e di provocare un pensiero critico sui sistemi economici alternativi che danno priorità alla giustizia sociale e al benessere umano.

Capitolo I
CONTESTO STORICO

La Rivoluzione industriale, iniziata alla fine del XVIII secolo, trasformò profondamente il panorama economico di Europa e Nord America. Il passaggio dalle economie agrarie al capitalismo industriale non solo portò alla meccanizzazione della produzione, ma determinò anche un'urbanizzazione massiccia. Mentre le persone migravano dalle aree rurali alle città in cerca di lavoro, emersero baraccopoli sovraffollate, esacerbando la disuguaglianza sociale e creando condizioni di vita deplorevoli per la classe operaia. È in questo contesto storico che Marx scrisse "Il Capitale".

Marx osservò l'emergere di un proletariato industriale, una nuova classe operaia che affrontava un duro sfruttamento e una lotta quotidiana per la sopravvivenza. Mentre i proprietari capitalisti cercavano di massimizzare i profitti, implementarono dure condizioni di lavoro, bassi salari e lunghi orari di lavoro, lasciando ai lavoratori poco potere e capacità di azione. Le terribili circostanze della classe operaia divennero un punto focale dell'analisi e della critica di Marx nel "Capitale".

Lo sviluppo storico del capitalismo e i conflitti sociali che ne derivarono costituirono le fondamenta critiche per l'opera di Marx. L'ascesa del capitalismo determinò una profonda ristrutturazione della società e la formazione di nuove classi sociali. Marx identificò la borghesia, la classe capitalista che possedeva e controllava i mezzi di produzione, come la forza trainante dietro lo sfruttamento e l'accumulazione di ricchezza. Al contrario, il proletariato, la classe operaia, si trovò sottomessa ai capricci e agli interessi della classe capitalista, portando a una crescente lotta di classe.

Inoltre, Marx fu profondamente influenzato dagli eventi storici e dalle ideologie del suo tempo. Le rivoluzioni del 1848, che si diffusero in tutta Europa, sottolinearono la necessità di un cambiamento politico e accrebbero la consapevolezza della disuguaglianza sociale. Queste rivolte, sebbene alla fine represse, accrebbero la coscienza di classe e intensificarono i dibattiti sulla riforma economica e sociale. Le lotte politiche che si svilupparono come risposta a queste rivoluzioni influenzarono profondamente la prospettiva di Marx sul capitalismo e il potenziale per la rivoluzione sociale.

Inoltre, il contesto storico di Marx fu plasmato dall'ascesa del nazionalismo e dalla formazione dei moderni stati-nazione. Man mano che le nazioni consolidavano il loro potere, emersero nuove ideologie, che cercavano di stabilire un senso di unità, identità e scopo condiviso. Il nazionalismo ebbe un ruolo decisivo nel plasmare le dinamiche di classe, con il proletariato che affermava la propria identità collettiva e le aspirazioni di trasformazione sociale contro la classe capitalista. Questa intersezione tra lotta di classe e nazionalismo è un aspetto importante dell'analisi di Marx nel "Capitale".

Dal punto di vista religioso, il contesto storico del "Capitale" comprendeva il declino dell'autorità religiosa tradizionale e l'ascesa del secolarismo. Man mano che il pensiero scientifico e razionale guadagnava terreno, le dottrine e le istituzioni religiose tradizionali affrontavano un crescente scetticismo e controllo. Questo mutevole panorama religioso influenzò i valori e le norme sociali, consentendo alla critica di Marx del capitalismo, dell'accumulo di ricchezza e dello sfruttamento del lavoro di risuonare con coloro che mettevano in discussione le implicazioni morali del sistema capitalista.

In termini di filosofia, l'opera di Marx fu influenzata dagli scritti di Georg Wilhelm Friedrich Hegel e dalla più ampia dialettica hegeliana. Il materialismo dialettico sviluppato da Marx radicò la sua analisi del capitalismo in un contesto storico e materiale, sottolineando la relazione reciproca tra sistemi economici e strutture sociali. Questo approccio dialettico permise a Marx di esaminare le contraddizioni e i conflitti di classe inerenti al modo di produzione capitalista, fornendo una comprensione sfumata dello sviluppo storico della società.

Durante il periodo in cui fu scritto "Il Capitale", anche sviluppi significativi nella scienza e nella tecnologia plasmarono il contesto storico. I progressi nei macchinari, nei trasporti e nelle comunicazioni accelerarono l'industrializzazione, contribuendo all'espansione del capitalismo e alla trasformazione della società. Marx riconobbe che questi progressi tecnologici non solo aumentarono la capacità produttiva, ma intensificarono anche lo sfruttamento del lavoro, poiché i lavoratori furono sottoposti a modalità di produzione più efficienti e implacabili.

Inoltre, il contesto storico di "Capital" ha testimoniato l'interconnessione del commercio globale e della colonizzazione. L'espansione del capitalismo ha portato alle ambizioni imperialistiche delle potenze europee, con conseguente conquista e sfruttamento di colonie in Africa, Asia e nelle Americhe. L'analisi del capitalismo di Marx, quindi, ha compreso le dinamiche globali del colonialismo e la sua relazione con l'accumulo di ricchezza e potere. Lo sfruttamento delle risorse e del lavoro in terre lontane ha sottolineato le contraddizioni fondamentali di un sistema radicato nella disuguaglianza e nello sfruttamento.

Inoltre, il contesto storico del "Capitale" è stato plasmato dalla crescita della coscienza della classe operaia e dalla formazione di movimenti sindacali. Emersero sindacati e organizzazioni politiche che sostenevano i diritti dei lavoratori, spesso rispondendo alle condizioni di sfruttamento del capitalismo industriale. Questi movimenti, con le loro richieste di giustizia sociale ed economica, fornirono a Marx prove empiriche e ispirazione per la sua critica del capitalismo. Le lotte e i successi dei movimenti della classe operaia evidenziarono anche il potenziale per un cambiamento sociale trasformativo di fronte a sistemi economici oppressivi.

La rivoluzione industriale e il suo impatto sul "capitale":

1. L'emergere dell'industrializzazione: La Rivoluzione industriale, che ebbe origine alla fine del XVIII secolo in Gran Bretagna e si diffuse in altre parti d'Europa e negli Stati Uniti, determinò un cambiamento fondamentale nei mezzi di produzione. Fu caratterizzata da una transizione da economie basate sull'agricoltura a economie industrializzate, basate sulla meccanizzazione, sulla produzione di massa e sull'utilizzo di nuove fonti di energia come il carbone e il vapore. Queste innovazioni sconvolsero i tradizionali modi di produzione, portando all'ascesa delle fabbriche, all'espansione della classe operaia e alla concentrazione della ricchezza nelle mani della borghesia.

2. L'analisi di Marx del capitalismo industriale: Marx, influenzato dal panorama sociale ed economico in rapido cambiamento della Rivoluzione industriale, sviluppò una critica completa del capitalismo industriale in "Il Capitale". Riconobbe che l'emergere di nuove tecnologie, sistemi di fabbrica e l'ascesa della borghesia come classe dominante presentavano un contesto unico per comprendere la natura sfruttatrice del capitalismo. Marx sosteneva che la Rivoluzione industriale aveva intensificato le contraddizioni insite nel capitalismo, portando a crescenti tensioni sociali e lotte di classe.

3. Accumulazione e sfruttamento del capitale: L'analisi di Marx del capitalismo industriale si è concentrata sulla relazione tra accumulazione di capitale e sfruttamento del lavoro. L'espansione dell'industria e la concentrazione del capitale hanno permesso ai capitalisti di accumulare una ricchezza significativa. Tuttavia, Marx sosteneva che l'accumulazione di capitale non derivava esclusivamente dall'innovazione e dai progressi tecnologici, ma era principalmente ottenuta attraverso l'estrazione di plusvalore dal lavoro del proletariato. Pagando ai lavoratori salari inferiori al valore effettivo da loro prodotto, i capitalisti potevano massimizzare i profitti.

4. Condizioni dei lavoratori e alienazione: La Rivoluzione industriale fu accompagnata da dure condizioni di lavoro per la classe operaia. Marx sottolineò lo stato deplorevole del proletariato, come lunghe ore di lavoro, ambienti pericolosi e l'alienazione dei lavoratori dai prodotti del loro lavoro. Man mano che la produzione divenne sempre più meccanizzata e i lavoratori si specializzarono in compiti ripetitivi, si distaccarono dai prodotti finiti, il che portò a un senso di estraniamento e insoddisfazione per il loro lavoro. La meccanizzazione del lavoro svalutò il lavoratore, riducendolo a semplici appendici delle macchine, aggravando ulteriormente la sua alienazione complessiva.

5. Impatto sulla struttura della classe: La Rivoluzione industriale determinò una riconfigurazione della struttura di classe esistente, creando una netta divisione tra borghesia e proletariato. Con lo sviluppo del capitalismo, Marx sostenne che la borghesia, possedendo i mezzi di produzione, accumulava ricchezza e potere, mentre la classe operaia affrontava una crescente dipendenza dal lavoro salariato. La concentrazione della ricchezza e lo sfruttamento del proletariato ampliarono le disuguaglianze socio-economiche, approfondendo il divario sociale tra le due classi e intensificando la lotta di classe.

6. Conseguenze per le relazioni sociali: La Rivoluzione industriale ha fondamentalmente rimodellato le relazioni sociali e le strutture societarie. Marx osservò che la mercificazione del lavoro e l'ascesa del lavoro salariato hanno favorito una profonda alienazione tra gli individui. Le relazioni tra lavoratore e datore di lavoro sono diventate transazionali, prive di connessioni personali, erodendo i legami sociali tradizionali e i legami comunitari. I lavoratori, ridotti a semplici merci nel sistema capitalista, sono stati valutati esclusivamente per la loro capacità di generare profitto. Ciò ha ulteriormente indebolito la coesione sociale e la solidarietà, esacerbando il senso di isolamento e disconnessione.

7. Significato storico e conseguenze a lungo termine: Il significato storico della Rivoluzione industriale non può essere sopravvalutato. Fu un momento spartiacque che gettò le basi per il modo di produzione capitalista e scatenò profonde trasformazioni in tutto il mondo. I cambiamenti che portò prepararono il terreno per lo sviluppo della critica del capitalismo di Marx in "Il Capitale". La concentrazione della ricchezza, lo sfruttamento del lavoro e le crescenti disuguaglianze socio-economiche esposte dalla Rivoluzione industriale continuano a plasmare le società odierne. L'eredità della Rivoluzione industriale può essere vista nelle persistenti lotte di classe e nei dibattiti in corso sulla natura del capitalismo e sulla ricerca di una società equa.

Industrializzazione e le sue conseguenze sociali:

L'industrializzazione ha portato profonde conseguenze sociali, rimodellando vari aspetti della società, tra cui l'urbanizzazione, il ruolo della classe operaia, le gerarchie sociali, le dinamiche familiari, la salute pubblica e le preoccupazioni ambientali. Questi cambiamenti hanno innescato movimenti di riforma sociale, dibattiti su valori e credenze e l'emergere di nuovi sforzi intellettuali e artistici.

1. L'ascesa dell'urbanizzazione:

L'industrializzazione portò a un massiccio afflusso di persone dalle aree rurali ai centri urbani in cerca di opportunità di lavoro. La rapida crescita delle città portò a sovraffollamento e alloggi inadeguati, portando alla creazione di baraccopoli affollate e cattive condizioni di vita. Le condizioni di vita malsane e la mancanza di accesso ad acqua pulita e sistemi fognari adeguati favorirono la diffusione di malattie come tubercolosi, colera e tifo.

Inoltre, la creazione di città industriali e paesaggi urbani ha cambiato drasticamente l'ambiente fisico e sociale. I modi di vita tradizionali e i legami con la natura sono stati sconvolti quando le giungle di cemento hanno sostituito i paesaggi agricoli. La perdita di spazi verdi e natura ha privato gli individui dei benefici terapeutici che derivavano dall'essere in armonia con il mondo naturale.

Inoltre, l'aumento dell'urbanizzazione ha portato con sé anche nuove sfide sociali. La stretta vicinanza di persone di diversa estrazione e classi sociali diverse in condizioni di vita anguste ha contribuito a tensioni sociali, tassi di criminalità e all'emergere di ghetti urbani. La rapida urbanizzazione di aree precedentemente rurali ha anche messo a dura prova le infrastrutture esistenti, come i sistemi di trasporto e di igiene, portando a ulteriori preoccupazioni sociali e di salute pubblica.

2. L'emergere della classe operaia:
L'industrializzazione diede origine a una nuova classe sociale: la classe operaia. Questi individui, spesso operai in fabbriche e miniere, affrontarono condizioni di lavoro estenuanti, lunghe ore e bassi salari. Erano sottoposti ad ambienti di lavoro pericolosi con norme di sicurezza minime, che causavano incidenti, lesioni e, in casi estremi, la morte.

Lo sfruttamento della classe operaia divenne intrinseco al sistema capitalista. Mentre la borghesia, o la classe capitalista, accumulava enormi ricchezze e potere, la classe operaia lottava per arrivare a fine mese. Questo crescente divario di ricchezza alimentò frustrazione e malcontento tra la classe operaia, aprendo la strada a disordini sociali, scioperi e all'ascesa di movimenti operai che chiedevano salari equi, migliori condizioni di lavoro e diritti dei lavoratori.

Tuttavia, è importante notare che le esperienze della classe operaia non erano omogenee. Le differenze di genere, razza e posizione geografica hanno ulteriormente plasmato le condizioni di lavoro e lo status sociale degli individui all'interno di questa classe. Le donne hanno spesso dovuto affrontare ulteriori sfide, tra cui salari più bassi e accesso limitato a determinate occupazioni, esacerbando ulteriormente le disuguaglianze di genere.

3. Gerarchie sociali e divisioni di classe:

L'ascesa dell'industrializzazione ha ulteriormente approfondito le gerarchie sociali e le divisioni di classe esistenti. La borghesia, spinta dalla sua accumulazione di capitale, è diventata la forza dominante nella società. Ha detenuto il potere economico e politico, plasmando la narrazione del progresso e determinando le norme e i valori sociali.

Nel frattempo, la classe operaia non solo ha dovuto affrontare difficoltà economiche, ma anche una perdita di autonomia e controllo sulle proprie vite. Avevano un potere decisionale limitato nei loro luoghi di lavoro, il che ha portato a una perdita di capacità di azione e individualità. Le rigide distinzioni di classe hanno dato vita a un senso di alienazione ed emarginazione tra la classe operaia, perpetuando ulteriormente il ciclo di sfruttamento e disuguaglianza.

Accanto alle classi capitaliste e operaie, altri gruppi sociali emersero durante il processo di industrializzazione. La classe media, composta da professionisti, lavoratori qualificati e imprenditori, svolse un ruolo significativo nello sviluppo della società e nella diffusione di nuove idee. Questa classe media in crescita, tuttavia, sperimentò una serie di sfide, tra cui la crescente concorrenza e la pressione per mantenere lo status sociale.

4. Impatto sulle dinamiche familiari:
L'industrializzazione ha portato cambiamenti significativi nelle dinamiche familiari. Quando gli uomini hanno lasciato le aree rurali per cercare lavoro in città, donne e bambini sono diventati più coinvolti nel lavoro industriale. Le donne erano impiegate nelle fabbriche o svolgevano lavori domestici nelle famiglie più ricche, mentre i bambini erano costretti a sopportare condizioni di lavoro estenuanti per contribuire al reddito familiare.

Questo cambiamento ha sconvolto i ruoli di genere tradizionali e ha sollevato preoccupazioni riguardo allo sfruttamento del lavoro minorile. I bambini, spesso di appena otto anni, venivano impiegati in lavori pericolosi e fisicamente impegnativi, che ne ostacolavano lo sviluppo fisico e intellettuale. La separazione dei membri della famiglia a causa del lavoro e lo stress di lavorare lunghe ore hanno avuto un impatto negativo sulla coesione familiare e sulle relazioni interpersonali.

Inoltre, l'emergere del capitalismo industriale ha introdotto un nuovo concetto di tempo. La stretta aderenza a rigidi orari di lavoro e la mercificazione del tempo hanno avuto un impatto sulle dinamiche familiari, poiché gli individui avevano poco tempo per il tempo libero, i legami familiari e l'impegno nella comunità. Il concetto di equilibrio tra lavoro e vita privata è diventato sempre più sfuggente, influenzando in ultima analisi la qualità della vita familiare e il benessere sociale.

5. Impatto sulla salute e sull'ambiente:
La rapida crescita dell'industrializzazione ha avuto effetti negativi sulla salute pubblica e sull'ambiente. L'inquinamento

delle fabbriche, derivante dalla combustione di combustibili fossili e dal rilascio di sostanze chimiche tossiche, ha contaminato l'aria, l'acqua e il suolo. Lo smaltimento dei rifiuti industriali spesso non era regolamentato in modo appropriato, il che ha portato al degrado ambientale e all'avvelenamento degli ecosistemi locali.

Gli alloggi sovraffollati e le condizioni igieniche precarie nelle aree urbane hanno facilitato la diffusione di malattie. La mancanza di servizi igienici adeguati e di accesso all'acqua pulita ha causato epidemie di malattie trasmesse dall'acqua come la dissenteria e il colera. La natura fisicamente impegnativa e pericolosa del lavoro industriale ha aumentato il rischio di incidenti e infortuni, causando problemi di salute a lungo termine e disabilità tra i lavoratori.

Inoltre, gli effetti dell'industrializzazione sulla salute pubblica si sono estesi oltre la classe operaia. Il consumo di cibi malsani e trasformati è diventato più diffuso, portando a un aumento delle malattie legate alla dieta. Inoltre, l'aumento del lavoro sedentario in fabbrica e la prevalenza decrescente di lavori fisicamente impegnativi hanno contribuito a un aumento delle malattie legate allo stile di vita, portando a preoccupazioni sul benessere generale degli individui e della società nel suo complesso.

6. Movimenti di riforma sociale:
Le conseguenze sociali negative dell'industrializzazione hanno spinto l'emergere di movimenti di riforma sociale. Attivisti e intellettuali, come Karl Marx e Friedrich Engels, hanno iniziato a sostenere il miglioramento delle condizioni di lavoro, l'abolizione del lavoro minorile e l'implementazione di programmi di assistenza sociale. Questi sforzi di riforma miravano ad affrontare le ingiustizie sociali insite nella società industriale e sostenevano una distribuzione più equa della ricchezza e del potere.

I sindacati e le organizzazioni dei lavoratori hanno svolto un ruolo cruciale nel sostenere i diritti dei lavoratori e nel dare potere alla classe operaia. Scioperi e contrattazione collettiva sono diventati strumenti per i lavoratori per chiedere salari migliori, orari di lavoro più brevi e migliori condizioni di sicurezza. Questi movimenti hanno gettato le basi per cambiamenti duraturi nella legislazione del lavoro e nello sviluppo di reti di sicurezza sociale.

Vale la pena notare che non tutti gli sforzi verso la riforma sociale hanno avuto successo o sono stati pienamente implementati. La resistenza delle classi dominanti e i dibattiti ideologici hanno spesso ostacolato il progresso dei movimenti di riforma sociale. Tuttavia, questi movimenti hanno gettato le basi per futuri cambiamenti e riforme sociali, ispirando generazioni di attivisti a lottare per la giustizia sociale e l'uguaglianza.

7. Cambiamenti nei valori e nelle credenze sociali:
L'industrializzazione portò anche a cambiamenti nei valori e nelle credenze sociali. Le forme tradizionali di coesione sociale, come i legami comunitari e le istituzioni religiose, iniziarono a indebolirsi man mano che le strutture economiche prendevano il sopravvento. Il rapido ritmo dell'urbanizzazione e l'enfasi sulla crescita economica portarono a uno spostamento dei valori sociali verso il materialismo, l'individualismo e la ricerca della ricchezza.

Con il progredire dell'industrializzazione, i principi religiosi e morali vennero sfidati da nuove ideologie e filosofie. La ricerca di conoscenze scientifiche e progressi tecnologici, insieme alla crescente influenza dell'umanesimo e dello scetticismo, portarono al declino dell'autorità religiosa e alla secolarizzazione della società. Tuttavia, è importante notare che, mentre l'industrializzazione sfidava le credenze religiose tradizionali, non sradicò completamente la religione. Piuttosto trasformò il modo in cui gli individui praticavano e comprendevano la propria fede, con l'emergere di nuovi e diversi movimenti e sette religiose.

Inoltre, l'avvento dell'industrializzazione diede origine anche a nuovi movimenti intellettuali e artistici che cercarono di sfidare le norme tradizionali ed esplorare nuove idee. L'Illuminismo, ad esempio, sostenne la ragione, l'indagine scientifica e i diritti individuali, sfidando l'autorità della monarchia e delle istituzioni religiose. Il Romanticismo, d'altro canto, enfatizzò l'emozione, la natura e la connessione dell'individuo con il sublime. Questi movimenti intellettuali influenzarono notevolmente la letteratura, l'arte e la filosofia, lasciando un impatto duraturo sul panorama culturale.

L'impatto degli eventi storici sull'opera di Marx:

L'analisi di Marx delle condizioni di lavoro e dell'alienazione sperimentate dal proletariato può essere fatta risalire alle dure realtà portate dall'industrializzazione. Il sistema di fabbrica, con i suoi lunghi orari, i compiti monotoni e la separazione dei lavoratori dai prodotti del loro lavoro, incarnava gli aspetti disumanizzanti della produzione capitalista. Marx sosteneva che queste condizioni perpetuavano lo sfruttamento e l'oppressione della classe operaia, evidenziando la necessità di una radicale trasformazione della società.

Un altro evento storico significativo che influenzò profondamente l'opera di Marx fu la Rivoluzione francese. Gli ideali di uguaglianza, giustizia e libertà sposati durante questo periodo risuonarono profondamente con la visione di Marx del cambiamento sociale. Lo spirito rivoluzionario esemplificato dalla Rivoluzione francese servì da potente modello per l'analisi di Marx della lotta di classe e del rovesciamento dei sistemi oppressivi. Vedeva la classe operaia come incarnazione della forza rivoluzionaria capace di sfidare e smantellare l'ordine capitalista.

Inoltre, l'ascesa dei movimenti socialisti e comunisti in tutta Europa durante l'era di Marx ha svolto un ruolo fondamentale nel dare forma alle sue idee. La Comune di Parigi del 1871, ad esempio, catturò l'attenzione di Marx e fornì importanti spunti sulle potenzialità e sui limiti dei movimenti rivoluzionari. Il tentativo della Comune di stabilire una forma di governo comunale, sebbene di breve durata, rafforzò la convinzione di Marx nella possibilità di una rivoluzione proletaria e nell'istituzione di una società senza classi. Marx trasse lezioni dai successi e dai fallimenti di questi movimenti, affinando le sue teorie in risposta all'evoluzione del panorama politico.

Per apprezzare appieno l'opera di Marx, è necessario comprendere le complessità e la rilevanza degli eventi storici che hanno plasmato le sue idee. Oltre alla Rivoluzione industriale e alla Rivoluzione francese, Marx si è impegnato anche in altri momenti storici. Ad esempio, le rivoluzioni del 1848 che hanno travolto l'Europa sono state significative nel plasmare le sue opinioni su come le strutture economiche si intersecano con il cambiamento politico e sociale. Marx ha sperimentato l'euforia e la successiva delusione di queste rivolte, riconoscendo che, sebbene fossero represse dalle classi dominanti, dimostravano il potenziale per la mobilitazione di massa e l'azione collettiva.

Inoltre, l'impegno di Marx con il contesto storico del suo tempo si estese oltre le semplici osservazioni e analisi. Partecipò attivamente ai dibattiti politici, confrontandosi con pari e intellettuali della sua epoca. Friedrich Engels, in particolare, ebbe una profonda influenza sul lavoro di Marx. La loro collaborazione portò allo sviluppo del materialismo storico, un quadro che vede lo sviluppo storico come guidato da forze economiche sottostanti e dalla lotta di classe. Engels contribuì anche in modo significativo alla comprensione di Marx dello sfruttamento capitalista e del ruolo del proletariato nell'effettuare un cambiamento rivoluzionario.

L'emergere del capitalismo e il suo significato storico:

La transizione dal feudalesimo al capitalismo durante la Rivoluzione industriale ha segnato un momento cruciale nella storia. Mentre il feudalesimo era caratterizzato dalla proprietà terriera e dalla servitù della gleba, il capitalismo ha introdotto un nuovo paradigma basato sulle forze di mercato, sulla ricerca del profitto e sul lavoro salariato. Questo passaggio dalle società agrarie all'industrializzazione ha portato a cambiamenti radicali nei processi di produzione, nei rapporti di lavoro e nella distribuzione della ricchezza. I progressi tecnologici, come la macchina a vapore e le fabbriche meccanizzate, hanno alimentato la produttività e hanno portato all'accumulo di una ricchezza sostanziale.

Il significato storico del capitalismo è molteplice. Innanzitutto, ha dato origine a nuove classi sociali. Con il declino del feudalesimo, la borghesia, o classe capitalista, è emersa come proprietaria dei mezzi di produzione. Attraverso le imprese capitalistiche, hanno sfruttato la nuova produttività e accumulato un'immensa ricchezza. Questa accumulazione di capitale ha gettato le basi per il modo di produzione capitalista. Il proletariato, o classe operaia, comprendeva i lavoratori che scambiavano la loro forza lavoro con un salario. Questa divisione di classe e lo sfruttamento intrinseco hanno costituito il nucleo della critica di Marx al capitalismo.

Il significato storico del capitalismo si estende oltre le divisioni di classe per influenzare numerose strutture sociali e sviluppi culturali. Il concetto di proprietà privata, parte integrante del capitalismo, ha promosso gli ideali dell'individualismo e la ricerca dell'interesse personale. Questo cambiamento di pensiero ha ridefinito le relazioni tra individui, comunità e nazioni, alimentando un senso di agenzia personale e il desiderio di miglioramento materiale. Inoltre, il capitalismo ha fornito il quadro per lo sviluppo di un'economia di libero mercato, in cui le leggi della domanda e dell'offerta determinavano l'allocazione delle risorse e la creazione di ricchezza.

Oltre a questi cambiamenti sociali, l'influenza del capitalismo ha avuto un impatto profondo sulla crescita economica e sul commercio globale. Incoraggiando l'imprenditorialità e la competizione, il capitalismo ha spinto le innovazioni e facilitato l'espansione del mercato. La spinta al profitto ha stimolato l'esplorazione e la colonizzazione di nuovi territori, spingendo l'espansionismo capitalista a livelli senza precedenti. Questa tendenza espansionistica ha anche portato alla globalizzazione delle reti commerciali, poiché i capitalisti hanno cercato di assicurarsi nuovi mercati per i loro prodotti e di accedere a manodopera e risorse a basso costo.

Mentre il capitalismo generava progresso e prosperità materiale, Marx lo considerava un sistema contraddittorio. Sottolineò che intrinsecamente al capitalismo c'erano contraddizioni e sfruttamento della classe operaia, che alla fine portavano a disordini sociali e lotta di classe. Marx sosteneva che queste contraddizioni intrinseche erano insostenibili e prevedevano l'eventuale crollo del capitalismo, aprendo la strada all'istituzione di una società socialista.

Per comprendere appieno la critica di Marx presentata in "Il Capitale", è fondamentale comprendere il significato storico del capitalismo. Approfondendo le trasformazioni sociali, economiche e culturali che accompagnano l'emergere del capitalismo, i lettori acquisiscono un profondo apprezzamento per il contesto in cui Marx ha sviluppato le sue teorie e le implicazioni di vasta portata delle sue idee per il futuro.

Capitolo II
PAESAGGIO SOCIALE

Al centro della critica di Marx c'è il concetto di lotta di classe. Nel panorama socio-economico dell'epoca, la società era frammentata, nettamente divisa tra la borghesia, la classe capitalista che possedeva i mezzi di produzione, e il proletariato, la classe operaia che lavorava per un salario. Questo abisso sempre più ampio tra chi aveva e chi non aveva creava un netto contrasto tra coloro che detenevano ricchezza, potere e influenza sociale e coloro che erano sempre più emarginati, sfruttati e oppressi.

La rivoluzione industriale ha svolto un ruolo fondamentale nel plasmare il contesto sociale che circondava "Capitale". La rapida crescita di fabbriche e macchinari ha trasformato le fondamenta stesse della società. Questo passaggio da economie basate sull'agricoltura a centri industrializzati ha portato a cambiamenti significativi nella struttura della società. I modi di vita tradizionali sono stati sradicati quando le persone sono migrate dalle aree rurali ai centri urbani in cerca di opportunità di lavoro. Tuttavia, con l'afflusso di lavoratori che ha superato la domanda, questa migrazione di massa ha portato a condizioni di vita sovraffollate, povertà e sfruttamento, spesso portando a disordini sociali, scioperi e proteste.

Inoltre, il contesto sociale dell'epoca era caratterizzato dall'emergere fervente di sindacati e movimenti operai, nonché dal fiorire di ideologie politiche come il socialismo e il comunismo. Fu in questo contesto di mobilitazione e resistenza collettiva che la teoria del plusvalore e dello sfruttamento del lavoro di Marx trovò risonanza. Un numero sempre crescente di lavoratori iniziò a organizzarsi, sforzandosi di migliorare le condizioni di lavoro, garantire salari equi e, in ultima analisi, sfidare i sistemi economici oppressivi che perpetuavano il loro sfruttamento.

Non si può comprendere veramente il contesto sociale che circonda "Il Capitale" senza considerare anche l'influenza dei movimenti intellettuali e delle idee filosofiche che stavano guadagnando importanza durante il XIX secolo. L'Illuminismo, che enfatizzava la ragione, le libertà individuali e la ricerca della conoscenza, piantò i semi del pensiero critico e dell'analisi razionale. Questo clima intellettuale favorì una messa in discussione delle norme e dei sistemi stabiliti, incluso il modo di produzione capitalista. Filosofi come Rousseau e Hegel fornirono quadri teorici che alimentarono i pensieri di Marx e gli diedero una base filosofica su cui costruire la sua critica del capitalismo.

Il contesto sociale dell'Europa del XIX secolo era anche indelebilmente intrecciato con gli effetti del colonialismo e dell'imperialismo. Con l'espansione delle economie capitaliste, aumentò anche la portata delle potenze europee in altre regioni del mondo. Queste iniziative coloniali furono guidate principalmente dal desiderio di estrarre risorse, espandere i mercati e accumulare capitale, esacerbando ulteriormente le disuguaglianze sociali e lo sfruttamento su scala globale. Questa dimensione globale aggiunse complessità all'analisi di Marx, rendendo necessaria una comprensione dell'interazione tra potenze imperiali, sudditi coloniali e strati di sfruttamento economico.

Inoltre, le istituzioni religiose esercitavano una notevole influenza nel contesto sociale del XIX secolo che circondava "Capitale". La predominanza della religione organizzata e i suoi stretti legami con le classi dominanti spesso contribuivano a mantenere l'ordine sociale prevalente. Le dottrine religiose, in particolare quelle propagate dalle chiese consolidate, spesso enfatizzavano l'accettazione del proprio posto nella società, scoraggiando il dissenso e promuovendo un senso di rassegnazione alle proprie circostanze. Tuttavia, è importante sottolineare che la religione non era del tutto monolitica nel suo ruolo all'interno della società, poiché durante questo periodo emersero anche vari movimenti di riforma religiosa, sfidando le dinamiche di potere tradizionali e sostenendo la giustizia sociale.

Il contesto sociale che circonda "Capital" sarebbe anche incompleto senza riconoscere le lotte affrontate da gruppi emarginati come donne, immigrati e minoranze razziali. Le donne entravano sempre più nella forza lavoro, affrontando discriminazioni, retribuzioni ineguali e limitate opportunità di avanzamento. Gli immigrati, in particolare quelli provenienti da aree rurali o altri paesi, affrontavano barriere linguistiche, salari bassi e dure condizioni di lavoro e di vita. Le minoranze razziali, in particolare nei contesti coloniali, sperimentavano sistemi profondamente radicati di oppressione e sfruttamento, esacerbando ulteriormente le divisioni di classe e creando una lotta intersezionale per la giustizia.

Gli effetti del cambiamento sociale sulla formazione del "capitale":

Il cambiamento sociale è stato a lungo considerato un catalizzatore per dare forma alla formazione del "Capitale", come proposto da Carl Marx. Nel corso della storia, profonde trasformazioni nella società hanno avuto un impatto significativo sull'evoluzione delle economie capitaliste e sulla successiva comparsa della critica di Marx.

Un aspetto cruciale che richiede di essere esplorato è la transizione dal feudalesimo al capitalismo. La transizione dalle rigide società feudali alle economie capitaliste ha avviato una serie di cambiamenti sociali che hanno gettato le basi per lo sviluppo del "Capitale". Il feudalesimo, caratterizzato da una struttura gerarchica e da un'economia basata sull'agricoltura, ha sperimentato cambiamenti sostanziali man mano che l'urbanizzazione e l'industrializzazione hanno acquisito slancio.

L'industrializzazione, in particolare, ha segnato un momento spartiacque. L'afflusso di tecnologia, macchinari e processi di produzione ha portato all'ascesa di una nuova classe sociale: il proletariato. Questa classe operaia di nuova formazione ha rappresentato un massiccio allontanamento dalle precedenti strutture sociali, poiché gli individui che un tempo erano legati alla terra sono diventati parte di una forza lavoro urbana in espansione. La disgregazione sociale causata da questa transizione ha creato un terreno fertile per l'analisi di Marx sullo sfruttamento capitalista.

L'impatto dell'industrializzazione si estese oltre la creazione di una nuova classe operaia. Portò anche cambiamenti significativi nei modelli di produzione e consumo. Il passaggio dalla produzione artigianale, in cui gli individui avevano il controllo sull'intero processo produttivo, alla produzione in fabbrica su larga scala alterò drasticamente la natura del lavoro. I lavoratori erano ora isolati e relegati a compiti specializzati, riducendo la loro autonomia e il controllo sul loro lavoro. Questa specializzazione esasperò lo sfruttamento insito nel sistema capitalista, poiché i lavoratori erano facilmente sostituibili e il loro valore ridotto a meri input nel processo produttivo.

Inoltre, l'impatto dell'industrializzazione sull'urbanizzazione non può essere sopravvalutato. Le città-fabbrica crebbero rapidamente e divennero sovraffollate man mano che la classe operaia si riversava nei centri urbani in cerca di lavoro. Queste condizioni di vita, unite a lunghe ore di lavoro, bassi salari e dure condizioni di lavoro, alimentarono il malcontento sociale e fornirono a Marx abbondanti prove empiriche a sostegno della sua critica del capitalismo. Il degrado della classe operaia, con le sue terribili condizioni di vita e la crescente disuguaglianza, fu una conseguenza diretta di un profondo cambiamento sociale.

Oltre all'urbanizzazione, non bisogna trascurare gli effetti dell'industrializzazione sulle strutture familiari. Il passaggio dalle attività economiche domestiche al lavoro salariato nelle fabbriche ha sconvolto le dinamiche familiari tradizionali. Uomini, donne e bambini sono stati costretti a lavorare lunghe ore in luoghi separati, provocando la detonazione della tradizionale famiglia nucleare. Le unità familiari si sono frammentate, portando a una rottura dei legami comunitari all'interno della società. Marx ha osservato questa frammentazione e ha sostenuto che essa ha ulteriormente alienato gli individui gli uni dagli altri, consentendo alla classe capitalista di sfruttare i lavoratori senza resistenza.

Inoltre, l'emergere di nuovi movimenti sociali e ideologie servì da ulteriore catalizzatore per la formazione del "Capitale". Man mano che il capitalismo industriale espandeva la sua portata, vari movimenti sociali e politici che sostenevano i diritti dei lavoratori, il suffragio e l'uguaglianza sociale guadagnarono slancio. Questi movimenti erano spesso radicati nelle condizioni ingiuste affrontate dalla classe operaia, rafforzando ulteriormente le argomentazioni di Marx contro il capitalismo. Attraverso l'azione collettiva, questi movimenti miravano a sfidare le dinamiche di potere ineguali e a chiedere cambiamenti che avrebbero portato a una società più equa.

Inoltre, il cambiamento sociale portato dalla diffusione dell'istruzione e dell'alfabetizzazione ha svolto un ruolo fondamentale nella diffusione delle idee di Marx. Con un maggiore accesso alla conoscenza, in particolare tra la classe operaia, hanno iniziato a fiorire discussioni riguardanti la disuguaglianza economica, lo sfruttamento e la lotta di classe. La diffusione della letteratura marxista e la crescente popolarità delle ideologie socialiste e comuniste in risposta alle disparità socioeconomiche sono state la testimonianza dell'impatto del cambiamento sociale sulla formazione del "Capitale". L'istruzione ha dato agli individui il potere di analizzare criticamente il sistema capitalista e di comprendere la propria posizione al suo interno, alimentando ulteriore malcontento e resistenza contro lo sfruttamento.

Infine, è essenziale riconoscere l'influenza delle relazioni e delle reti sociali sulla formazione del "Capitale". Man mano che le società diventavano sempre più interconnesse attraverso reti di commercio e comunicazione globali, la natura sfruttatrice del capitalismo divenne evidente su scala internazionale. Le relazioni di lavoro sfruttatrici tra colonie e potenze imperialiste, ad esempio, fornirono ulteriori prove degli effetti dannosi del cambiamento sociale sulle comunità emarginate, rafforzando ulteriormente l'analisi di Marx sullo sfruttamento capitalista. L'espansione del capitalismo nei mercati globali e la sua estrazione di risorse e manodopera dalle regioni colonizzate misero a nudo le disuguaglianze intrinseche e gli squilibri di potere all'interno del sistema.

Lotta di classe nella società e nei sistemi economici:

La lotta di classe, una teoria essenziale presentata da Marx nel "Capitale", trascende gli strati superficiali delle società capitaliste, addentrandosi nelle profonde contraddizioni e nei conflitti che permeano questi sistemi. Svelando le dinamiche di sfruttamento tra borghesia e proletariato, Marx mette a nudo la natura oppressiva del modo di produzione capitalista e offre un percorso verso la rivoluzione delle strutture sociali ed economiche. In questa versione estesa, approfondiremo ulteriormente la lotta di classe, offrendo approfondimenti più completi sui suoi antecedenti storici, sulle sue manifestazioni ideologiche e sulle prospettive che detiene per un cambiamento trasformativo.

1. Una prospettiva storica: la lotta di classe come motore del cambiamento sociale.

Per comprendere appieno il significato della lotta di classe, dobbiamo immergerci negli annali della storia. Marx attira la nostra attenzione su eventi storici chiave, come la Rivoluzione francese, dove le tensioni di classe raggiunsero un punto di ebollizione, determinando infine un cambiamento di paradigma. Il fervore rivoluzionario del proletariato e la sua alleanza con la borghesia progressista portarono al rovesciamento dell'ordine feudale, aprendo la strada all'ascesa del capitalismo. Da questo punto di vista, discerniamo come la lotta di classe agisca da catalizzatore per la trasformazione della società, rimodellando i sistemi economici e dando origine a nuovi assetti sociali.

Un'analisi approfondita dell'ascesa del capitalismo industriale accentua ulteriormente l'importanza della lotta di classe. Con l'aumento dello slancio dell'industrializzazione, emerse un nuovo ordine sociale, caratterizzato dallo sfruttamento del proletariato da parte della borghesia. I livelli senza precedenti di sfruttamento affrontati dalla classe operaia infiammarono la loro coscienza collettiva, accendendo movimenti di resistenza e la formazione di sindacati. Queste lotte collettive miravano a migliorare le loro condizioni di vita in deterioramento, a chiedere salari equi e a garantire diritti migliorati. Attraverso una lotta di classe sostenuta, i lavoratori sfidarono le dinamiche di potere esistenti, rimodellando il panorama delle relazioni di classe e spingendo verso una società più equa.

2. La natura multiforme della lotta di classe: ambiti economico, culturale e ideologico.

Contrariamente alla credenza popolare, la lotta di classe non si limita al dominio economico; estende i suoi tentacoli in tutto il tessuto della società. Marx sottolinea astutamente che la borghesia, oltre a esercitare il potere economico, esercita un dominio culturale e ideologico. Le istituzioni culturali come il mondo accademico, i media e l'arte, spesso influenzate da interessi borghesi, perpetuano valori che mantengono l'ordine sociale esistente. Queste influenze culturali funzionano come meccanismi di controllo sociale, plasmando il discorso pubblico e rafforzando gli ideali capitalistici di competizione, individualismo e consumismo.

Inoltre, la classe dominante impiega l'ideologia come un potente strumento per garantire la riproduzione del proprio dominio. Attraverso la diffusione di idee dominanti, la borghesia plasma la coscienza sociale, creando una falsa coscienza tra la classe operaia. Questa consapevolezza fabbricata oscura i loro interessi di classe, accecandoli alla natura sfruttatrice del sistema capitalista. Tuttavia, Marx ci ricorda che la coscienza e la consapevolezza di classe si sviluppano attraverso le esperienze collettive del proletariato, colmando il divario tra le loro condizioni oggettive e la loro comprensione soggettiva. Pertanto, la lotta di classe comprende non solo conflitti materiali, ma anche battaglie ideologiche per liberare la classe operaia dalla morsa della falsa coscienza.

3. Sfruttamento e alienazione: fardelli sulle spalle del proletariato.

Per comprendere l'essenza della lotta di classe, è fondamentale comprendere la difficile situazione del proletariato. L'analisi di Marx rivela che la borghesia, spinta dall'insaziabile desiderio di profitto, sfrutta la forza lavoro della classe operaia. Estraendo plusvalore dal loro lavoro, la borghesia assicura l'accumulazione del capitale necessario all'espansione capitalista. Il lavoro del proletario diventa mercificato, ridotto a un mero fattore di produzione, privo di qualsiasi valore intrinseco. Questa alienazione del lavoro dal suo legittimo posto all'interno dell'esistenza umana lascia i lavoratori estraniati dalla loro vera essenza e diminuisce la loro autonomia.

Inoltre, la lotta costante per la sopravvivenza in condizioni di sfruttamento lascia al proletariato poca scelta se non quella di unirsi e sfidare collettivamente i propri oppressori. La formazione di sindacati e la ricerca di azioni collettive incarnano l'essenza della lotta di classe, fungendo da vie per la classe operaia per lottare per salari migliori, migliori condizioni di lavoro e maggiori diritti. Marx sottolinea che la resistenza organizzata contro lo sfruttamento accresce la coscienza di classe del proletariato, manifestandosi come un precursore di più ampie possibilità rivoluzionarie.

Rivoluzione: la lotta definitiva per la liberazione

Nel regno della lotta di classe si trova il seme della rivoluzione, la lotta definitiva per la liberazione. Marx immaginava il proletariato, unito attraverso le sue esperienze di sfruttamento, come dotato del potenziale trasformativo per sfidare e infine rovesciare il sistema capitalista. Rivoluzione, in questo contesto, significa la classe operaia che si ribella ai propri oppressori, prendendo il controllo dei mezzi di produzione e forgiando una società senza classi, libera dallo sfruttamento.

L'analisi di Marx ci incoraggia a non percepire la lotta di classe come un ciclo infinito di conflitti, ma piuttosto come un processo dinamico con implicazioni rivoluzionarie. Il proletariato, attraverso le sue lotte collettive, diventa consapevole dei suoi interessi condivisi e, gradualmente, emerge una coscienza trasformativa. Questa accresciuta coscienza di classe apre la strada al consolidamento della classe operaia come forza sociale in grado di rimodellare il proprio destino. Marx invita gli individui a esaminare criticamente le contraddizioni e i conflitti all'interno delle loro società, creando connessioni e gettando le basi per un futuro unito ed emancipato.

Uguaglianza sociale e il suo ruolo nella teoria di Marx:

In "Capital", il concetto di uguaglianza sociale gioca un ruolo cruciale e multiforme nella sua analisi del capitalismo e della lotta di classe. La teoria di Marx sull'uguaglianza sociale comprende dimensioni economiche, politiche e sociali, offrendo una critica completa della società capitalista.

Marx sosteneva che all'interno di una società capitalista, le classi sociali non sono divise solo dalla ricchezza economica, ma anche dalla proprietà o dalla mancanza di essa dei mezzi di produzione. Questa divisione prepara il terreno per uno squilibrio fondamentale di potere, in cui la borghesia, che possiede i mezzi di produzione, accumula ricchezza ed esercita il controllo sul proletariato, che si ritrova con opzioni limitate se non quella di vendere la propria forza lavoro per sopravvivere. Questa intrinseca disuguaglianza economica perpetua le divisioni sociali e plasma le dinamiche della lotta di classe.

Tuttavia, la teoria di Marx sull'uguaglianza sociale si estende oltre la ricchezza materiale e le relazioni economiche. Ha anche sottolineato le dimensioni politiche e sociali della disuguaglianza all'interno delle società capitaliste. Secondo Marx, il potere politico è concentrato nelle mani della borghesia, che utilizza il suo predominio economico per manipolare e controllare l'apparato statale. Ciò porta all'emarginazione e alla privazione dei diritti del proletariato, ostacolando la sua capacità di sfidare collettivamente la distribuzione ineguale di ricchezza e potere.

Inoltre, per Marx, l'uguaglianza sociale non è solo un ideale astratto, ma una condizione necessaria per lo sviluppo umano e la libertà. Egli sosteneva che nel capitalismo, gli individui sono ridotti a semplici merci, dove il loro valore è misurato esclusivamente dalla loro produzione economica. Di conseguenza, le persone sono alienate dal loro lavoro, dalle loro comunità e persino da se stesse. Questa alienazione perpetua ulteriormente la disuguaglianza sociale e ostacola lo sviluppo olistico degli individui.

La teoria di Marx sull'uguaglianza sociale ringiovanisce il concetto di libertà, promuovendo una visione che va oltre la nozione formale di libertà politica all'interno delle società capitaliste. Mentre gli individui nelle società capitaliste possono avere la libertà di fare delle scelte, sono in ultima analisi limitati dalle loro circostanze economiche e dalle strutture di potere che rafforzano la disuguaglianza. Nella visione di Marx, la vera libertà richiede la rimozione dello sfruttamento economico e l'istituzione di una società in cui gli individui hanno una posta in gioco uguale e accesso alle risorse.

Nella società senza classi proposta da Marx, spesso definita comunismo, l'uguaglianza sociale è centrale. Una società basata sull'uguaglianza sociale abolirebbe le condizioni oppressive e di sfruttamento inerenti al capitalismo. Marx sosteneva la proprietà e il controllo universali dei mezzi di produzione, che avrebbero garantito a tutti pari accesso alle risorse e alle opportunità. Questa proprietà condivisa avrebbe favorito un senso di responsabilità condivisa e di sostegno reciproco, gettando le basi per lo sviluppo di una società veramente egualitaria.

Tuttavia, i critici della teoria di Marx sostengono che la ricerca dell'uguaglianza sociale può portare alla soppressione della libertà individuale e al soffocamento dello spirito imprenditoriale. Sostengono che i sistemi basati sul mercato, con la loro enfasi sulla competizione e l'efficienza, forniscono opportunità di mobilità sociale e crescita economica. Affermano che le disuguaglianze e gli squilibri di potere che derivano dal capitalismo possono essere rettificati attraverso riforme e regolamenti piuttosto che un completo rovesciamento del sistema.

Nonostante queste critiche, la teoria di Marx sull'uguaglianza sociale continua a offrire una lente stimolante attraverso cui analizzare la natura del capitalismo e i suoi impatti sulla società. L'analisi di Marx sulla disuguaglianza sociale tocca una corda sensibile in molti che vedono le persistenti disparità e ingiustizie perpetuate dal sistema capitalista. La sua teoria evidenzia l'interconnessione dei regni economico, politico e sociale, spingendoci a considerare non solo l'equa distribuzione della ricchezza, ma anche la ridistribuzione del potere e la trasformazione delle strutture sociali.

La teoria di Marx sull'uguaglianza sociale era profondamente radicata nella sua analisi del materialismo storico. Egli postulò che lo sviluppo della società è guidato dai conflitti derivanti dalle contraddizioni all'interno delle forze produttive e dei rapporti di produzione. Queste contraddizioni, incarnate nell'ineguaglianza intrinseca del capitalismo, portano in ultima analisi alla trasformazione sociale e all'istituzione di una società più egualitaria.

Capitolo III
EVENTI POLITICI

L'analisi filosofica e socio-economica di Marx in "Il Capitale" è stata plasmata da una complessa rete di fattori politici emersi durante un periodo di cambiamenti trasformativi in Europa. Un contesto politico chiave che ha influenzato Marx è stata l'ascesa della democrazia liberale e le sue sfide. Il XIX secolo ha visto una crescente richiesta di diritti politici e libertà individuali, che è culminata in varie rivoluzioni politiche e rivolte, come le rivoluzioni europee del 1848. Questi eventi hanno evidenziato le aspirazioni del popolo per un sistema politico più partecipativo, in cui il potere fosse distribuito in modo più equo. Tuttavia, Marx ha osservato che le promesse della democrazia liberale erano spesso oscurate dalla persistenza delle divisioni di classe e delle disuguaglianze economiche sotto il capitalismo.

Anche l'emergere degli stati-nazione ha svolto un ruolo significativo nel dare forma alle idee di Marx. Mentre l'Europa sperimentava un processo di costruzione della nazione, caratterizzato dal consolidamento del potere politico all'interno di territori definiti, Marx riconobbe le complessità e le contraddizioni insite in questa trasformazione politica. Mentre gli stati-nazione fornivano un quadro per l'affermazione dell'identità collettiva e il perseguimento di obiettivi comuni, rafforzavano simultaneamente un sistema in cui la borghesia deteneva il potere economico e dominava le istituzioni politiche. Marx identificò le dinamiche di potere all'interno degli stati-nazione come barriere chiave alla realizzazione della vera democrazia.

Inoltre, il contesto politico di Marx fu fortemente influenzato dallo sviluppo e dalla diffusione del capitalismo industriale. Le profonde trasformazioni apportate dall'industrializzazione, come la meccanizzazione della produzione e l'istituzione di fabbriche, portarono a un drastico cambiamento nelle relazioni sociali ed economiche. Marx osservò che questo cambiamento concentrò la proprietà del capitale nelle mani della classe capitalista, lasciando la classe operaia soggetta a condizioni di lavoro di sfruttamento. Di conseguenza, sottolineò la necessità di comprendere la base economica della società per comprendere le disparità e le ingiustizie politiche che ne emergevano.

La turbolenza politica del periodo, in particolare le rivoluzioni europee del 1848, ebbero un profondo impatto sul pensiero di Marx. Queste rivolte cercarono di sfidare i regimi autocratici e affermare i diritti degli individui e delle comunità. Marx fu testimone dei limiti di queste rivoluzioni, poiché alla fine non riuscirono ad affrontare le disuguaglianze economiche fondamentali perpetuate dal capitalismo. Questa esperienza spinse Marx a sviluppare la sua critica della democrazia liberale, sostenendo che offriva solo una facciata di libertà politica senza affrontare le strutture di classe sottostanti che perpetuavano lo sfruttamento.

Inoltre, la Comune di Parigi del 1871 ebbe un'importanza immensa per il contesto politico di Marx. Durante questo breve periodo, i cittadini della classe operaia di Parigi presero il controllo della città e tentarono di stabilire una nuova forma di governo basata sulla democrazia diretta. Marx considerava la Comune un potente esempio di come la classe operaia potesse organizzarsi e governarsi, sfidando le strutture politiche esistenti dominate dalla borghesia. La tragedia che seguì, con il brutale ripristino del potere da parte della classe dominante, convinse ulteriormente Marx della necessità di un cambiamento radicale per affrontare le contraddizioni intrinseche del capitalismo.

Inoltre, il contesto politico di Marx fu anche plasmato dal suo impegno attivo con vari movimenti socialisti e comunisti dell'epoca. Le sue interazioni con individui che la pensavano come lui gli permisero di affinare le sue idee, plasmando in modo collaborativo una visione rivoluzionaria fondata sull'azione collettiva e sulla solidarietà. Questi impegni sottolinearono l'importanza dell'organizzazione politica nella mobilitazione della classe operaia contro il sistema capitalista dominante.

Il ruolo della politica in "Il Capitale":

In sostanza, l'esplorazione della politica da parte di Marx in "Il Capitale" mira a rivelare la natura politica intrinseca dei sistemi economici, in particolare del capitalismo. Per Marx, è fondamentale comprendere che il funzionamento e la perpetuazione del capitalismo sono profondamente intrecciati con le relazioni politiche, la legislazione e l'apparato statale. Questo riconoscimento mette in discussione la nozione comunemente accettata di una separazione tra economia e politica, esponendo l'inscindibile legame tra i due.

Marx afferma che la borghesia, la classe dirigente dominante, esercita il proprio potere economico per influenzare e modellare il panorama politico a proprio favore. Questa influenza è particolarmente evidente nella formulazione e nell'attuazione di leggi e regolamenti che salvaguardano e accelerano la loro accumulazione di capitale. Lo stato capitalista, secondo Marx, è fondamentalmente legato agli interessi della borghesia, agendo come strumento per preservare e riprodurre l'ordine sociale ed economico esistente.

Esaminando il regno politico in "Il Capitale", Marx richiama l'attenzione sulle contraddizioni insite nei processi politici all'interno del capitalismo. Mentre le istituzioni politiche sottolineano la loro imparzialità e la rappresentanza di tutti i cittadini, Marx identifica un pregiudizio insito nei confronti della classe dominante. Lo Stato, sostiene, funziona innegabilmente come mediatore nella risoluzione dei conflitti tra capitale e lavoro, ma sostiene prevalentemente gli interessi della borghesia rispetto a quelli del proletariato.

Inoltre, Marx sottolinea come la politica permei il funzionamento interno della società capitalista. Il potere politico si manifesta non solo nei processi legislativi, ma si estende anche al regno ideologico, plasmando l'opinione pubblica e influenzando i valori culturali che giustificano e supportano il modo di produzione capitalista. La classe dominante impiega il potere politico per controllare e manipolare le narrazioni che circondano lo sfruttamento, presentandolo come un aspetto accettabile e inevitabile del sistema economico.

Emergendo dalla sua analisi, Marx stabilisce una connessione fondamentale tra movimenti politici e lotta di classe. Sostiene che la politica, in particolare la politica rivoluzionaria, può fungere da catalizzatore per il cambiamento sociale e lo smantellamento del sistema capitalista. Questi movimenti, nati dall'organizzazione collettiva della classe operaia, possiedono il potenziale per rimodellare il panorama politico e costruire una società che dia priorità agli interessi collettivi del proletariato.

Tuttavia, Marx rimane critico nei confronti dei partiti politici convenzionali che affermano di rappresentare la classe operaia. Sostiene che questi partiti spesso vengono cooptati dalla borghesia o non riescono a sfidare efficacemente le strutture di potere esistenti. Invece, Marx postula che la vera emancipazione può essere raggiunta solo impegnandosi in un movimento politico rivoluzionario che cerchi di trasformare radicalmente sia la dimensione economica che quella politica della società.

Movimenti politici e il loro ruolo nella creazione del "capitale":

Marx, essendo profondamente coinvolto nel dibattito sociopolitico della sua epoca, trasse ispirazione e plasmò le sue idee attraverso un intenso impegno con vari gruppi e movimenti politici.

Uno dei principali movimenti politici che ha svolto un ruolo indelebile nel plasmare l'opera di Marx è stato il movimento socialista. Emergendo come un'ideologia significativa in risposta ai rivolgimenti sociali ed economici provocati dall'industrializzazione, il socialismo ha catturato l'attenzione di molti intellettuali e membri insoddisfatti della classe operaia. Gli impegni di Marx con i movimenti socialisti comprendevano la sua collaborazione con Friedrich Engels, le sue partecipazioni a organizzazioni operaie come la Lega dei Giusti e la sua eventuale affiliazione alla Lega dei Comunisti. Queste esperienze lo hanno esposto alle preoccupazioni e alle richieste della classe operaia, sottolineando la necessità di una critica completa del capitalismo che non solo avrebbe esposto la sua natura sfruttatrice, ma avrebbe anche aperto la strada al suo eventuale rovesciamento.

All'interno di questi movimenti, Marx trovò un terreno fertile per testare e perfezionare il suo quadro teorico. L'impegno del movimento socialista per l'uguaglianza sociale e la liberazione della classe operaia risuonava profondamente con le ricerche intellettuali e politiche di Marx. Attraverso le sue interazioni con vari pensatori e organizzazioni socialiste, Marx sintetizzò la sua comprensione del materialismo storico, della lotta di classe e del potenziale rivoluzionario del proletariato. Inoltre, la sua stretta collaborazione con Friedrich Engels, che condivideva convinzioni simili, fornì una potente partnership intellettuale che rafforzò e ampliò l'analisi di Marx.

Inoltre, gli impegni di Marx con i movimenti socialisti approfondirono la sua comprensione del capitalismo. Osservando il peggioramento delle condizioni della classe operaia e assistendo ai fallimenti degli sforzi riformisti, Marx riconobbe la necessità di un'analisi strutturale del sistema capitalista. Influenzato da precedenti pensatori socialisti come Charles Fourier, Henri de Saint-Simon e Robert Owen, Marx sezionò i meccanismi di sfruttamento del capitalismo e ne scoprì le contraddizioni intrinseche. I suoi impegni con i movimenti socialisti alimentarono un crescente scetticismo verso le nozioni liberali di progresso e riforma graduale, portandolo ad abbracciare una visione più radicale e rivoluzionaria della trasformazione sociale.

Mentre il socialismo ha svolto un ruolo significativo nel plasmare le idee di Marx, i suoi impegni con il movimento liberale dell'epoca sono stati altrettanto cruciali. Il liberalismo, con la sua enfasi sui diritti individuali e sui mercati liberi, ha avuto un'influenza nel plasmare la critica di Marx al capitalismo. Tuttavia, ha criticato con veemenza le idee liberali per essere incapaci di affrontare le ingiustizie sistemiche perpetuate dal capitalismo e per perpetuare una visione della società che perpetuava le disuguaglianze. Marx, invece, ha riconosciuto gli antagonismi intrinseci all'interno del modo di produzione capitalista e si è concentrato sulla lotta di classe come forza trainante del cambiamento storico.

Inoltre, gli incontri di Marx con i movimenti anarchici hanno lasciato un impatto duraturo sul suo pensiero. Personaggi come Mikhail Bakunin e Pierre-Joseph Proudhon, pur sposando ideologie diverse, si sono impegnati in intensi dibattiti con Marx sulla natura del capitalismo, il suo carattere sfruttatore e la ricerca di una radicale trasformazione sociale. Questi incontri hanno sfidato Marx ad affinare le sue argomentazioni e hanno fornito ulteriori approfondimenti sui limiti di vari approcci politici nell'affrontare le cause profonde della disuguaglianza sociale.

Gli impegni di Marx con i movimenti politici non solo hanno plasmato la sua analisi del capitalismo, ma hanno anche profondamente influenzato la sua comprensione del cambiamento sociale e del ruolo del proletariato nell'effettuare una trasformazione rivoluzionaria. Questi movimenti hanno cercato di organizzare e mobilitare la classe operaia, chiedendo trasformazioni politiche ed economiche fondamentali. Il "Capitale" di Marx riflette le aspirazioni e gli obiettivi di questi movimenti, fornendo una base teorica per la lotta rivoluzionaria della classe operaia contro le forze oppressive del capitalismo.

È fondamentale riconoscere che, sebbene Marx si sia impegnato e sia stato influenzato da vari movimenti politici, le sue idee non erano semplici repliche delle loro dottrine. Marx ha offerto la sua analisi e critica uniche del capitalismo, attingendo al suo ampio studio di storia, economia e filosofia. Il suo lavoro non è stato un risultato diretto di alcun movimento particolare, ma piuttosto il culmine del suo sviluppo intellettuale, del ragionamento dialettico e della sintesi di varie teorie e prospettive.

Capitolo IV
CLIMA RELIGIOSO

Marx riconosce in modo convincente il significato storico della religione come una forza potente che plasma le società, offrendo quadri etici e fornendo una guida morale. La religione, nella sua essenza, spesso mira a fornire conforto e speranza agli individui che sopportano l'emarginazione e lo sfruttamento. Offre un santuario per gli oppressi, agendo come il "sospiro della creatura oppressa, il cuore di un mondo senza cuore e l'anima di condizioni senza anima".

Tuttavia, Marx esamina criticamente la religione come un apparato ideologico che può essere manipolato per servire gli interessi della classe dominante. Quando è intrecciata con il capitalismo, la religione può diventare uno strumento di controllo sociale, rafforzando le dinamiche di potere esistenti e perpetuando le disuguaglianze sociali. Le credenze religiose, in particolare quelle che enfatizzano la salvezza individuale, possono scoraggiare la classe operaia dallo sfidare il sistema capitalista. Offrendo la promessa di una vita dopo la morte migliore, la religione può pacificare gli sfruttati, smorzando il loro spirito rivoluzionario.

Il concetto di religione come "oppio dei popoli" simboleggia l'effetto lenitivo che le credenze religiose possono avere sugli individui che sopportano le difficoltà imposte da una società capitalista. Fornisce una tregua dalle dure realtà della disuguaglianza economica, offrendo la speranza che la loro sofferenza sarà redenta nell'aldilà. Questa logica può portare la classe operaia ad accettare il proprio stato di emarginazione, credendo che la loro privazione materiale sia ordinata divinamente piuttosto che il risultato di sistemi economici sfruttatori.

Le istituzioni religiose stesse, come qualsiasi altra istituzione sociale, non sono immuni all'influenza della classe dirigente. In molti casi, diventano complici nel perpetuare la disuguaglianza sociale. Le istituzioni religiose possono ricevere sostegno finanziario dalla classe capitalista, il che può creare una dipendenza che compromette la loro capacità di sfidare lo status quo. Inoltre, il dogma e la dottrina religiosa possono essere modellati per allinearsi alle ideologie della classe dirigente, rafforzando e giustificando le gerarchie esistenti.

Inoltre, la religione ha storicamente promosso un senso di comunità, unità e identità. Ha fornito agli individui un sistema di credenze, rituali e pratiche condivise che li uniscono. Tuttavia, all'interno del sistema capitalista, la religione può essere distorta per creare divisioni e rafforzare le strutture di classe. Gli insegnamenti religiosi, le tradizioni e i rituali possono essere indebitamente appropriati per creare un falso senso di coesione sociale, oscurando le disparità economiche sottostanti e impedendo una genuina solidarietà di classe.

La critica di Marx alla religione nel contesto capitalista non è un rifiuto della spiritualità o dei sistemi di credenze in sé. Invece, incoraggia un esame critico di come la religione possa essere cooptata e plasmata dal sistema capitalista dominante per mantenere il controllo sociale. Svelando la relazione tra religione, capitalismo e disuguaglianza sociale, Marx cerca di svelare i meccanismi che perpetuano una struttura economica disumanizzante.

Il contesto religioso comprende anche le dimensioni psicologiche ed emozionali della religione all'interno di una società capitalista. La religione offre un senso di scopo, significato e speranza agli individui che sperimentano privazioni materiali e sfruttamento. La promessa di ricompense eterne e giustizia divina mitiga il dolore e la disperazione causati dalle difficoltà economiche, impedendo alla classe operaia di realizzare pienamente l'urgente necessità di un cambiamento sistemico.

Inoltre, i valori e le norme religiose influenzano la percezione del valore e del merito individuale all'interno del sistema capitalista. L'enfasi sull'ascetismo, l'umiltà e l'abnegazione possono essere sfruttate dalla classe dominante come mezzo per glorificare la propria ricchezza e accumulare potere. Questa manipolazione può creare un quadro morale distorto che rafforza la sottomissione della classe operaia, inibendo la loro ricerca di giustizia economica e perpetuando il loro sfruttamento.

Considerazioni religiose nella critica di Marx:

Marx vedeva la religione come profondamente radicata nella base sociale ed economica della società, plasmata da condizioni storiche e materiali. Secondo lui, la religione emergeva come risposta alla sofferenza umana, all'alienazione e al desiderio di uno scopo trascendente. Forniva un quadro per la coesione sociale, offrendo principi etici e linee guida morali per guidare gli individui nella loro vita quotidiana. Le religioni, al loro inizio, spesso parlavano dei bisogni e delle aspirazioni degli oppressi, predicando uguaglianza, giustizia e compassione.

Tuttavia, con l'evoluzione delle società e l'emergere del capitalismo, Marx sostenne che la religione si intrecciava con strutture di potere sfruttatrici. Considerava la religione un'ideologia che operava come un oppio per le masse, distraendole dalle condizioni materiali che perpetuavano il loro sfruttamento. Le narrazioni religiose spesso presentavano la sofferenza e la povertà come virtuose, distogliendo l'attenzione dalle cause sistemiche e suggerendo che i poveri sarebbero stati ricompensati nell'aldilà per le loro lotte in questo mondo. Questo, sosteneva Marx, pacificava la classe operaia, scoraggiandola dal mettere in discussione le proprie circostanze e dal cercare un cambiamento sociale.

Marx identificò ulteriormente la religione come uno strumento della classe dominante, utilizzato per mantenere il proprio dominio e rafforzare le dinamiche di potere esistenti. Le istituzioni e i leader religiosi potevano essere cooptati dalla borghesia, allineando i loro insegnamenti con gli interessi dell'élite dominante. Questa collusione rafforzò il controllo e l'autorità dei leader economici e religiosi, creando un parallelo di potere che giustificava ulteriormente la struttura gerarchica delle relazioni capitaliste.

Inoltre, Marx analizzò le dimensioni psicologiche della religione. Riconobbe che la religione forniva conforto e speranza in tempi di difficoltà e incertezza. Offrendo spiegazioni per la sofferenza e promettendo una vita migliore oltre il regno terreno, la religione alleviava il dolore e la disperazione vissuti dalla classe operaia. Tuttavia, Marx credeva che questo conforto psicologico ostacolasse la ricerca della vera liberazione, poiché reindirizzava energia e attenzione lontano dall'affrontare le condizioni materiali che perpetuavano la loro sofferenza.

Mentre la critica di Marx identificava principalmente i modi in cui la religione propagava e legittimava lo sfruttamento capitalista, egli riconosceva anche il potenziale dei movimenti religiosi di sfidare i sistemi economici dominanti. Evidenziava esempi storici, come le prime comunità cristiane, che sostenevano la vita in comune, l'uguaglianza e il sostegno agli emarginati. Questi movimenti, sosteneva Marx, avevano il potenziale per ispirare resistenza contro il capitalismo e articolare visioni alternative dell'organizzazione sociale.

È essenziale riconoscere che l'analisi di Marx sulla religione era specifica del contesto socio-economico del suo tempo.

Negli esami contemporanei dell'interazione tra religione e capitalismo, gli studiosi hanno ampliato la discussione oltre la cornice di Marx. Esplorano i diversi modi in cui le credenze religiose possono manifestarsi e interagire con le strutture economiche, esaminando il potenziale delle istituzioni religiose di perpetuare o sfidare le dinamiche di potere esistenti. Questa prospettiva più ampia arricchisce la nostra comprensione delle complessità all'intersezione tra religione e sistemi socio-economici, facendo luce sulla natura dinamica di questa relazione in diversi contesti storici e culturali.

Le istituzioni religiose e il loro rapporto con il "capitale":

Secondo Marx, le istituzioni religiose spesso agiscono come potenti strumenti utilizzati dalla classe dominante per rafforzare i sistemi capitalistici e preservare i propri interessi. Queste istituzioni si allineano con la classe economica dominante, promuovendo credenze e valori che giustificano la disuguaglianza sociale e contribuendo così alla perpetuazione del capitalismo. Enfatizzando concetti come obbedienza, sottomissione e ricompensa nell'aldilà, le istituzioni religiose possono agire come una forma di controllo sociale, scoraggiando gli individui dal mettere in discussione i loro ruoli sociali all'interno di un quadro capitalista.

Il capitalismo, come sostiene Marx, prospera sullo sfruttamento e sull'accumulo di ricchezza nelle mani di pochi. Le dottrine religiose, in molti casi, svolgono un ruolo fondamentale nel legittimare la disuguaglianza economica. Marx suggerisce che gli insegnamenti religiosi spesso enfatizzano concetti come la responsabilità individuale e la ricompensa per il duro lavoro. Questa narrazione, secondo Marx, non solo oscura le ingiustizie sistemiche insite nel capitalismo, ma implica anche che l'accumulo di ricchezza sia una misura di virtù e favore divino. Di conseguenza, la classe dominante può facilmente giustificare la propria ricchezza e sfruttare la classe operaia, mentre gli sfruttati sono portati a credere che la loro sofferenza faccia parte di un piano divino.

Tuttavia, è importante notare che non tutte le istituzioni religiose si allineano con gli interessi della classe dirigente. Nel corso della storia, voci dissenzienti all'interno dei movimenti religiosi hanno criticato o sfidato attivamente i sistemi capitalistici. In alcuni casi, figure e istituzioni religiose hanno sostenuto la giustizia sociale, l'uguaglianza economica e la ridistribuzione della ricchezza, allineandosi con gli interessi della classe operaia. Questi movimenti religiosi offrono interpretazioni alternative degli insegnamenti religiosi che danno priorità alla compassione, all'empatia e alla solidarietà, mirando ad affrontare le ingiustizie sistemiche perpetuate dal capitalismo.

La preoccupazione principale di Marx risiede nell'influenza sovrastante delle istituzioni religiose nel loro complesso. Pur riconoscendo casi di resistenza, sostiene che, nella maggior parte dei casi, le istituzioni religiose agiscono come forze potenti che perpetuano le ideologie capitaliste e rafforzano lo sfruttamento della classe operaia da parte dell'élite dominante.

Per comprendere veramente la relazione tra istituzioni religiose e capitalismo, bisogna esplorare il contesto storico e sociopolitico in cui operano. Fattori come il colonialismo, l'imperialismo e la cooperazione tra autorità politiche e religiose hanno ulteriormente influenzato il complesso intreccio tra religione e capitalismo. Eventi storici, come la colonizzazione europea delle Americhe, hanno assistito all'interazione tra dottrine religiose, espansione capitalista e sottomissione delle popolazioni indigene. L'imposizione di pratiche religiose occidentali e del modo di produzione capitalista ha avuto effetti duraturi sul tessuto economico, culturale e spirituale delle società colonizzate.

Inoltre, la globalizzazione del capitalismo negli ultimi secoli ha intensificato l'interazione tra religione e capitalismo su scala globale. Le istituzioni religiose possono fungere da canali per gli interessi economici per permeare varie culture, poiché le multinazionali spesso si affidano al simbolismo e alle pratiche religiose per commercializzare prodotti ed espandere la loro influenza. Questo intreccio di dinamiche religiose e capitaliste dà origine a nuove sfide e complessità, plasmando la moderna relazione tra religione e capitalismo.

Inoltre, l'impatto della religione sul comportamento economico degli individui non può essere trascurato. Le credenze e le pratiche religiose possono modellare i modelli di consumo, le decisioni di investimento e gli atteggiamenti verso la ricchezza e i beni materiali. Ad esempio, le tradizioni religiose radicate nell'ascetismo o nella rinuncia alle comodità materiali possono inavvertitamente sfidare la cultura consumistica promossa dal capitalismo, rafforzando sistemi di valori alternativi che danno priorità alla crescita spirituale e al benessere della comunità rispetto all'acquisizione materiale.

Inoltre, la relazione tra religione e capitalismo non si limita alla sola sfera economica. Le istituzioni religiose spesso possiedono un capitale sociale e culturale significativo, che consente loro di influenzare le norme e i valori della società. Il loro coinvolgimento in opere di beneficenza, istruzione e fornitura di servizi sociali può avere implicazioni profonde. In alcuni casi, le istituzioni religiose agiscono come reti di sicurezza vitali, fornendo assistenza e supporto a individui e comunità vulnerabili che altrimenti potrebbero essere trascurati o trascurati dal sistema capitalista. Questa influenza socio-culturale garantisce alle istituzioni religiose una posizione unica per affrontare le disuguaglianze sociali e sostenere il cambiamento sistemico.

Capitolo V
RADICI FILOSOFICHE

Marx nacque a Treviri, in Germania, nel 1818 da una famiglia della classe media. Suo padre, Heinrich Marx, era un avvocato di origine ebraica, ma si convertì al protestantesimo per evitare le limitate opportunità di carriera per gli ebrei. La madre di Marx, Henrietta Pressburg, proveniva da una ricca famiglia olandese e instillò nel giovane Karl l'amore per la letteratura e le arti.

Cresciuto in mezzo a tumulti sociali e politici, Marx fu esposto alle varie ideologie e ai movimenti dell'epoca. L'impatto della Rivoluzione francese e i suoi ideali di libertà, uguaglianza e fraternità lasciarono un'impressione duratura su Marx, plasmando le sue visioni successive di una società più giusta ed equa. Inoltre, gli scritti di poeti romantici come Johann Wolfgang von Goethe e Friedrich Hölderlin introdussero Marx alle idee di alienazione e alla ricerca di un significato individuale all'interno di una struttura sociale oppressiva.

La prima educazione di Marx gettò le basi per i suoi successivi interessi intellettuali. Frequentò l'Università di Bonn, dove inizialmente studiò legge, ma presto spostò la sua attenzione su filosofia e letteratura. Fu durante questo periodo che incontrò la filosofia di Georg Wilhelm Friedrich Hegel, il cui approccio dialettico e l'enfasi sul cambiamento storico fornirono una base teorica per le opere successive di Marx.

La filosofia hegeliana sosteneva che la storia progrediva attraverso una serie di conflitti e contraddizioni, portando infine a una sintesi superiore. Marx attinse ampiamente da questo quadro dialettico, applicandolo al regno dell'economia politica, noto come materialismo storico. Tuttavia, Marx rifiutò l'idealismo di Hegel, che attribuiva il cambiamento storico principalmente al funzionamento delle idee e della coscienza. Invece, insisteva sul primato delle condizioni materiali e della lotta di classe nel guidare il cambiamento sociale.

Oltre a Hegel, Marx fu profondamente influenzato dalle opere di Ludwig Feuerbach, un filosofo che criticò l'idealismo di Hegel e sostenne una comprensione materialistica del mondo. L'enfasi di Feuerbach sul ruolo della sensualità umana, o dei sensi, nel plasmare la coscienza individuale e collettiva risuonava con le idee in via di sviluppo di Marx sulle condizioni materiali che plasmavano l'esistenza umana.

Le idee di Feuerbach spinsero Marx a esplorare ulteriormente la relazione tra la coscienza umana e le strutture sociali ed economiche. Basandosi sul lavoro di Feuerbach, Marx postulò che le condizioni materiali delle persone modellano profondamente i loro pensieri, le loro convinzioni e le loro relazioni sociali. In quanto tale, Marx sostenne che le idee e le ideologie dominanti all'interno di una società sono spesso quelle che riflettono e servono gli interessi della classe dirigente. Questa intuizione gettò le basi per la critica di Marx all'ideologia borghese nelle società capitaliste, dove la classe capitalista plasma e perpetua un insieme di idee che legittima la propria autorità e preserva lo status quo.

Inoltre, i pensatori dell'Illuminismo hanno avuto un ruolo significativo nel dare forma alla critica di Marx alle strutture sociali. Gli scritti di Jean-Jacques Rousseau, ad esempio, hanno introdotto Marx al concetto di volontà generale e all'idea che la società dovrebbe essere organizzata attorno agli interessi comuni di tutti i suoi membri. La nozione di contratto sociale di Rousseau, che sosteneva che gli individui rinunciano volontariamente ad alcune delle loro libertà personali in cambio di benefici sociali, ha anche informato la comprensione di Marx delle relazioni sociali e politiche.

Inoltre, Marx ha condotto un ampio studio della storia per scoprire modelli e strutture che sono alla base dello sviluppo sociale. Esaminando i modi di produzione storici, come il feudalesimo e la schiavitù, Marx ha identificato temi ricorrenti di sfruttamento, lotta di classe e rivoluzione. Ha osservato che le società si evolvono attraverso un processo dialettico in cui contraddizioni e tensioni inerenti al sistema economico prevalente portano alla fine al suo rovesciamento e all'emergere di un nuovo ordine socio-economico.

Nel regno dell'economia, le teorie di Adam Smith e David Ricardo hanno lasciato un segno profondo nel pensiero di Marx. L'idea di Smith della mano invisibile, in cui individui egoisti che perseguono i propri guadagni promuovono inavvertitamente gli interessi della società, è stata pesantemente criticata da Marx. Egli vedeva nelle teorie di Smith una giustificazione per lo sfruttamento insito nel capitalismo e sosteneva invece che la classe operaia, non la classe capitalista, creava il vero valore.

Marx attinse anche molto dalla teoria del valore-lavoro di Ricardo, che postulava che il valore di una merce è determinato dalla quantità di tempo di lavoro socialmente necessario per produrla. Marx incorporò questa idea nella sua analisi del capitalismo, sostenendo che il lavoro era la fonte di tutto il valore e che i capitalisti sfruttavano sistematicamente il plusvalore creato dai lavoratori. Sosteneva che il modo di produzione capitalista, caratterizzato dalla proprietà privata dei mezzi di produzione e dall'estrazione del plusvalore dal lavoro, porta inevitabilmente alla disuguaglianza sociale, agli antagonismi di classe e all'alienazione della classe operaia.

Oltre a queste figure influenti, non possiamo ignorare l'immenso impatto di Friedrich Engels sullo sviluppo intellettuale di Marx. Engels, un collega filosofo e caro amico di Marx, fornì supporto sia finanziario che intellettuale per tutta la vita. Gli studi di Engels sulle condizioni di lavoro e la disuguaglianza sociale, in particolare nella sua opera fondamentale "La condizione della classe operaia in Inghilterra", hanno svolto un ruolo fondamentale nel plasmare la comprensione di Marx della lotta di classe e dello sfruttamento capitalista. La loro collaborazione ha prodotto alcuni degli scritti più profondi sul socialismo e il comunismo, tra cui "Il Manifesto del Partito Comunista".

Gli studi di Engels sull'industrializzazione e il suo impatto disastroso sulla classe operaia fornirono a Marx esempi concreti a sostegno delle sue argomentazioni sulla natura sfruttatrice del capitalismo. Le osservazioni di prima mano e la meticolosa ricerca di Engels documentarono le deplorevoli condizioni di vita e di lavoro affrontate dal proletariato, evidenziando l'urgenza di un cambiamento rivoluzionario. Fu attraverso i loro sforzi congiunti che Marx perfezionò e sviluppò la sua teoria del materialismo storico e articolò ulteriormente la sua visione di una società basata sui principi del comunismo, in cui i mezzi di produzione sono di proprietà collettiva e la ricchezza è distribuita in base alle necessità.

La filosofia hegeliana e il suo impatto su Marx:

Georg Wilhelm Friedrich Hegel, un rinomato filosofo tedesco del XIX secolo, sviluppò un sistema di pensiero completo che comprendeva filosofia, politica, storia e società. La sua filosofia lasciò un segno indelebile nel pensiero di Marx, in particolare plasmando la sua comprensione del materialismo dialettico e del materialismo storico.

Al centro della filosofia di Hegel c'è l'enfasi sulla dialettica, che può essere intesa come il processo di conflitto e risoluzione. Secondo Hegel, la realtà è in un costante stato di cambiamento e contraddizione, e il progresso avviene attraverso la sintesi di queste contraddizioni. Questo metodo dialettico ha fornito a Marx un solido quadro per analizzare e comprendere le dinamiche del capitalismo e della lotta di classe.

L'approccio dialettico di Hegel può essere visto nella teoria del materialismo storico di Marx. Mentre Hegel si concentrava sullo sviluppo dello Spirito Assoluto, Marx spostò la sua attenzione sulle condizioni materiali della società. Per Marx, la storia non è semplicemente una progressione di idee o lo sviluppo dello Spirito, ma piuttosto una serie di formazioni socio-economiche caratterizzate dalla lotta di classe. Marx considerava ogni modalità di produzione come caratterizzata da contraddizioni intrinseche che alla fine portano alla sua caduta e all'emergere di una nuova modalità. Questa comprensione dello sviluppo storico portò Marx a criticare le ingiustizie e le contraddizioni presenti nelle società capitaliste e a immaginare un futuro in cui la lotta di classe sarebbe stata risolta in una società senza classi.

Centrale nella filosofia hegeliana è il concetto di alienazione, che ha avuto una profonda influenza sul pensiero di Marx. Hegel sosteneva che gli individui possono alienarsi dalla loro vera essenza e da se stessi quando sono estraniati dal loro lavoro e dai prodotti del loro lavoro. Marx ha ampliato questa nozione, applicandola al modo di produzione capitalista. Ha sostenuto che sotto il capitalismo, i lavoratori sono alienati dai prodotti che producono, dal loro lavoro e, in ultima analisi, dalla loro stessa umanità. Il concetto di alienazione è diventato un tema centrale nella critica del capitalismo di Marx e ha evidenziato gli effetti disumanizzanti del sistema capitalista.

Basandosi sul concetto di alienazione di Hegel, Marx sviluppò la sua teoria del feticismo delle merci. Secondo Marx, in una società capitalista, le merci diventano permeate da un carattere mistico e feticizzato, oscurando le relazioni sociali di produzione. In altre parole, il valore di una merce non è determinato dal lavoro impiegato per la sua produzione, ma piuttosto dal suo valore di scambio sul mercato. Questa feticizzazione delle merci approfondisce ulteriormente il senso di alienazione sperimentato dai lavoratori, poiché si distaccano dalle relazioni sociali che sono alla base del loro lavoro.

Un altro concetto fondamentale della filosofia hegeliana che ebbe un profondo impatto su Marx è l'idea di progresso storico. Hegel credeva che la storia si evolvesse lungo un percorso teleologico verso la realizzazione della libertà e dell'autocoscienza. Tuttavia, Marx adottò un approccio più materialistico e sviluppò la teoria del materialismo storico. Sosteneva che il progresso storico fosse guidato dalle condizioni materiali della società, principalmente dai modi di produzione. Secondo Marx, la storia è plasmata dalla lotta di classe antagonista e la transizione da un modo di produzione all'altro è guidata da contraddizioni e conflitti tra la classe dominante e la classe operaia. Questa interpretazione materialista della storia ha fondato la critica del capitalismo di Marx su condizioni socio-economiche concrete.

La filosofia hegeliana influenzò significativamente anche Marx nella sua comprensione dello Stato. Hegel postulò che lo Stato rappresenta l'incarnazione della volontà collettiva e agisce come un veicolo attraverso il quale la libertà può essere realizzata. Tuttavia, Marx criticò lo Stato, considerandolo uno strumento brandito dalla classe dominante per mantenere il proprio potere e reprimere la classe operaia. Considerava lo Stato uno strumento di dominio di classe e credeva che la vera libertà potesse essere raggiunta solo attraverso l'abolizione delle classi e l'istituzione di una società senza classi.

Per comprendere appieno la profondità dell'impatto della filosofia hegeliana su Karl Marx, è essenziale riconoscere la radicale deviazione di Marx dall'idealismo di Hegel. Marx cercò di fondare la sua analisi sulla realtà materiale, adattando il metodo dialettico di Hegel al materialismo dialettico come strumento per comprendere e criticare il capitalismo. Basandosi sulla filosofia hegeliana, Marx sviluppò una critica completa non solo del capitalismo, ma anche delle più ampie strutture socio-politiche che lo sostenevano. Chiarì le contraddizioni e le ingiustizie intrinseche nelle società capitaliste, evidenziando lo sfruttamento della classe operaia e immaginando un futuro in cui i mezzi di produzione sono di proprietà collettiva e si instaura una società senza classi. La sintesi di Marx della filosofia hegeliana e delle sue idee innovative segnò una svolta nella traiettoria del pensiero sociale e politico durante il XIX secolo e il suo lavoro continua a essere altamente influente nella comprensione e nella critica delle società capitaliste fino ad oggi.

Il ruolo di Ludwig Feuerbach nel pensiero di Marx:

Ludwig Feuerbach, filosofo tedesco, ha avuto un ruolo significativo nel plasmare lo sviluppo intellettuale di Karl Marx e nel gettare le basi per le sue idee rivoluzionarie. Contemporaneo di Marx, le critiche di Feuerbach alla religione, in particolare il suo concetto di "alienazione", hanno avuto un profondo impatto sulla comprensione di Marx della disuguaglianza sociale ed economica.

L'opera fondamentale di Feuerbach, "L'essenza del cristianesimo", presentava una radicale rivalutazione delle credenze religiose. Sfidando le nozioni teologiche tradizionali, Feuerbach sosteneva che Dio e altri concetti religiosi erano creazioni e proiezioni umane. Sosteneva che la religione funzionava come un mezzo per soddisfare desideri e bisogni umani che rimanevano insoddisfatti in una società materialistica. Affermando che le idee religiose erano riflessi umani di bisogni e aspirazioni insoddisfatti, Feuerbach aprì le porte a Marx per approfondire il ruolo delle condizioni materiali nel plasmare la società e il comportamento umani.

Marx, nei suoi primi scritti, abbracciò il concetto di alienazione avanzato da Feuerbach. Secondo Feuerbach, l'alienazione si riferiva al processo mediante il quale gli esseri umani si disconnettevano dalla loro natura essenziale e dal loro vero potenziale. Per Feuerbach, la religione era una manifestazione di questa alienazione, poiché distoglieva l'attenzione delle persone dai propri bisogni e dalle proprie capacità, concentrandosi invece su una divinità esterna. Questa nozione risuonava profondamente con Marx, che vedeva la religione come uno strumento di controllo sociale che perpetuava la disuguaglianza di classe e lo sfruttamento.

Basandosi sulle idee di Feuerbach, Marx espanse il concetto di alienazione per incorporare fattori economici e sociali. Sostenne che sotto il capitalismo, i lavoratori erano alienati dai prodotti del loro lavoro, poiché non erano in grado di godere pienamente o controllare i frutti del loro lavoro. Marx credeva che questa alienazione derivasse dallo sfruttamento del lavoro da parte della classe capitalista, che possedeva i mezzi di produzione e traeva profitto dal plusvalore creato dai lavoratori. Il suo esame approfondito delle dinamiche dell'alienazione permise a Marx di scoprire i meccanismi che perpetuavano la disuguaglianza sociale ed economica.

Marx si è anche basato sulla critica di Feuerbach alla religione per evidenziare il ruolo ideologico della religione nel sostenere l'ordine sociale esistente. Considerava la religione come una forma di falsa coscienza che impediva agli individui di riconoscere i propri interessi di classe e la necessità di un cambiamento rivoluzionario. Marx considerava la religione come un oppio delle masse, che offriva un sollievo temporaneo dalle dure realtà dello sfruttamento e della disuguaglianza, distogliendo allo stesso tempo l'attenzione dalle condizioni materiali sottostanti che creavano e perpetuavano queste disparità.

Mentre Marx alla fine si discostò dalla struttura filosofica di Feuerbach e sviluppò il suo distinto approccio materialista, l'influenza del pensiero di Feuerbach sulle sue prime opere fu profonda. Le critiche di Feuerbach alla religione e all'alienazione gettarono le basi per le successive teorie di Marx sul materialismo storico e sulla lotta di classe. Basando le sue analisi sulle condizioni materiali e sulle relazioni di classe che plasmano la società, Marx mirava a chiarire e trasformare le strutture sociali oppressive che perpetuano la disuguaglianza.

Inoltre, l'impatto di Feuerbach si estese oltre le concezioni di religione e alienazione di Marx. L'approccio umanista di Feuerbach influenzò anche la comprensione di Marx delle implicazioni sociali della religione. Feuerbach sosteneva che il potenziale umano per amore, compassione e creatività spesso attribuito a un essere divino dovesse essere recuperato e indirizzato verso il miglioramento delle condizioni dell'umanità. Questa prospettiva umanista trovò risonanza nella visione di Marx di una società comunista in cui gli individui sarebbero stati liberati dall'alienazione, dallo sfruttamento e dalle relazioni sociali oppressive.

Inoltre, le idee di Feuerbach furono fondamentali nel dare forma alla critica di Marx all'idealismo e al suo spostamento filosofico verso il materialismo. Traendo spunto dall'insistenza di Feuerbach sul primato della realtà materiale, Marx sviluppò la sua teoria del materialismo storico, affermando che le condizioni materiali della società plasmano fondamentalmente il pensiero, gli atteggiamenti e i comportamenti umani. L'influenza di Feuerbach può essere intesa come un trampolino di lancio cruciale nel viaggio intellettuale di Marx verso la formulazione di una critica completa del capitalismo e la visione di un futuro alternativo.

I pensatori illuministi che hanno plasmato le idee di Marx:

Nel XVIII secolo, un periodo noto come Illuminismo, un gruppo di pensatori influenti in tutta Europa sfidò le credenze tradizionali e sostenne la ragione, la libertà individuale e il progresso sociale. Queste idee ebbero un profondo impatto su Karl Marx, che trasse ispirazione da vari filosofi illuministi e incorporò i loro concetti nelle sue visioni filosofiche e politiche.

Uno dei principali pensatori dell'Illuminismo che influenzò Marx fu Immanuel Kant. La filosofia di Kant enfatizzò l'importanza della ragione e della razionalità nella comprensione del mondo. Sosteneva che gli individui dovrebbero essere autonomi e liberi di pensare da soli, senza interferenze da parte di autorità esterne. Questa nozione di autonomia trovò profonda risonanza in Marx, che credeva che gli individui dovessero avere la libertà intellettuale di analizzare criticamente la società e cercare di trasformarla. Inoltre, l'enfasi di Kant sulla ragione gettò le basi per la comprensione di Marx secondo cui la storia umana è guidata dalle condizioni materiali e dal conflitto di interessi sociali.

Mentre l'influenza di Kant su Marx era principalmente filosofica, Jean-Jacques Rousseau influenzò Marx sia a livello filosofico che sociopolitico. Gli scritti di Rousseau sulla teoria del contratto sociale e sulla volontà generale influenzarono fortemente le idee di Marx sull'azione collettiva e sulla rivoluzione. Rousseau credeva che la società fosse plasmata dalle scelte e dalle azioni collettive dei suoi membri e che una società giusta potesse essere raggiunta solo attraverso la volontà comune delle persone. Questa nozione di azione collettiva e l'importanza della trasformazione sociale si allineano strettamente con la teoria di Marx sulla rivoluzione e sulla lotta di classe. Marx adottò la convinzione di Rousseau che è attraverso la mobilitazione delle masse che il cambiamento sociale diventa possibile.

Oltre a Rousseau, anche le idee di Voltaire hanno avuto un ruolo significativo nel plasmare il pensiero di Marx. Voltaire è stato un importante filosofo illuminista e sostenitore della libertà di parola e della tolleranza religiosa. I suoi scritti sottolineavano la necessità di sfidare e criticare le istituzioni e le norme sociali esistenti. Ciò risuonava fortemente con Marx, che vedeva il capitalismo come un sistema che doveva essere esaminato criticamente e infine rovesciato per creare una società più giusta. Marx riconobbe che le idee di Voltaire presentavano un percorso per smantellare l'ordine sociale stabilito e spianare la strada a un sistema più equo che tenesse conto dei diritti e delle esigenze di tutti i membri della società.

Inoltre, le teorie economiche di Adam Smith e David Ricardo hanno avuto un profondo impatto sulla comprensione di Marx del capitalismo e dello sfruttamento del lavoro. Il concetto di mano invisibile e di mercato autoregolante di Smith, così come la teoria del valore del lavoro di Ricardo, hanno costituito il fondamento per la critica di Marx del capitalismo e la sua comprensione delle contraddizioni intrinseche del sistema. Tuttavia, Marx ha esteso le loro teorie approfondendo le relazioni sociali di produzione e la natura sfruttatrice del capitalismo. Ha sostenuto che il capitalismo, guidato dalla ricerca del profitto, perpetua un sistema in cui la borghesia estrae plusvalore dal lavoro del proletariato, portando all'intensificazione del conflitto di classe. L'analisi di Marx del modo di produzione capitalista è stata plasmata dalla sua sintesi di idee illuministe e teorie economiche, fornendo la base per la sua alternativa rivoluzionaria.

L'influenza collettiva di questi pensatori illuministi ha fornito a Marx gli strumenti intellettuali e la struttura per sviluppare la sua interpretazione unica e rivoluzionaria delle relazioni sociali ed economiche. Marx ha sintetizzato le loro idee con altre teorie filosofiche ed economiche per sviluppare una critica completa del capitalismo e una visione per una rivoluzione socialista. Il suo lavoro continua a plasmare il corso della storia e a ispirare generazioni di attivisti, intellettuali e rivoluzionari che cercano di sfidare lo status quo e lottare per una società più egualitaria e giusta.

La teoria economica di Adam Smith e David Ricardo:

Adam Smith, spesso definito il padre dell'economia moderna, presentò le sue idee seminali nella sua monumentale opera, "La ricchezza delle nazioni". La teoria di Smith della mano invisibile è uno dei suoi contributi più celebrati. Sosteneva che gli individui che perseguivano il proprio interesse personale in un libero mercato avrebbero involontariamente promosso il bene superiore della società. Questo meccanismo di autoregolamentazione, governato dalle forze di mercato, era visto come un mezzo per aumentare la produttività e migliorare la prosperità complessiva.

Il concetto di mano invisibile di Smith, tuttavia, non implicava che tutte le azioni degli individui nel perseguimento del proprio interesse personale avrebbero naturalmente beneficiato la società. Smith riconobbe che certe azioni, come la collusione e la monopolizzazione, avrebbero potuto danneggiare il funzionamento del mercato e limitare la concorrenza. Egli sostenne la necessità di stabilire leggi e regolamenti per prevenire tali abusi e mantenere un campo di gioco equo per tutti i partecipanti.

Un altro aspetto cruciale della teoria economica di Smith era la divisione del lavoro. Smith sosteneva che quando i lavoratori si specializzano in compiti specifici, diventano più efficienti e produttivi. Concentrandosi sulle loro abilità e capacità uniche, gli individui potevano contribuire alla crescita complessiva dell'economia. Smith credeva che questa divisione del lavoro avrebbe portato a livelli di produzione più elevati e a standard di vita migliori per la società. Tuttavia, riconosceva anche che un'eccessiva divisione del lavoro poteva portare a monotonia e a una ridotta soddisfazione lavorativa tra i lavoratori.

David Ricardo, contemporaneo di Adam Smith, ha ampliato ulteriormente il discorso sulla teoria economica. Uno dei contributi più notevoli di Ricardo è stata la teoria del vantaggio comparato, che chiarisce i benefici del commercio internazionale. Secondo Ricardo, i paesi dovrebbero concentrarsi sulla produzione di beni in cui hanno un vantaggio comparato, anche se possono produrre tutti i beni in modo più efficiente rispetto ad altre nazioni. Impegnandosi nella specializzazione e nel commercio con altri paesi, le nazioni possono massimizzare la loro ricchezza e il loro benessere.

La teoria della rendita di Ricardo ha anche svolto un ruolo significativo nel dare forma all'analisi economica di Marx. Ricardo ha distinto tra due tipi di rendita: differenziale e assoluta. La rendita differenziale deriva dalla fertilità naturale della terra, nonché dai diversi livelli di produttività tra diversi appezzamenti. La disponibilità di terra fertile contribuisce alla rendita differenziale, poiché conferisce ai proprietari terrieri un vantaggio competitivo. La rendita assoluta, d'altro canto, deriva dai proprietari terrieri che applicano rendite più elevate di quelle necessarie per coprire le proprie spese. Questo surplus, secondo Ricardo, è una conseguenza della proprietà esclusiva della terra e contribuisce alla disuguaglianza economica.

Mentre Marx si impegnava profondamente con le teorie di Smith e Ricardo, identificò anche alcune limitazioni e contraddizioni nella loro analisi. Marx riconobbe lo sfruttamento intrinseco nelle società capitaliste, dove il plusvalore prodotto dai lavoratori veniva appropriato dalla classe capitalista. Sostenne che la teoria del valore-lavoro, sottoscritta sia da Smith che da Ricardo, non riusciva ad affrontare adeguatamente questa questione fondamentale.

Inoltre, Marx ampliò l'attenzione di Smith e Ricardo sulla sfera economica per incorporare le loro teorie in un'analisi completa della società. Affermò che le relazioni economiche erano intrinsecamente intrecciate con le relazioni sociali e politiche, formando una complessa rete di dinamiche di potere. La critica di Marx al capitalismo e il suo appello a una rivoluzione proletaria furono direttamente influenzati dal suo impegno con le teorie economiche di Smith e Ricardo.

Il contributo distintivo di Marx fu lo sviluppo di un quadro completo che analizzava le contraddizioni e la natura sfruttatrice del capitalismo. Identificò la tendenza intrinseca del capitalismo verso una crescente disuguaglianza, alienazione del lavoro e crisi economiche cicliche. Marx sostenne che queste contraddizioni avrebbero portato alla fine alla caduta del capitalismo e all'emergere di un nuovo ordine sociale basato sulla proprietà collettiva dei mezzi di produzione.

Marx approfondiva ulteriormente il concetto di plusvalore, che riteneva fosse la fonte dello sfruttamento nelle società capitaliste. Affermava che la forza lavoro, la capacità unica degli esseri umani di creare valore attraverso il lavoro, era la base di tutto il valore economico. I capitalisti, sosteneva, avrebbero pagato i lavoratori meno del valore che producevano, estraendo plusvalore per il loro profitto. Questo sfruttamento del lavoro ha portato all'accumulo di ricchezza da parte della classe capitalista e all'ampliamento del divario tra ricchi e classe operaia.

Inoltre, Marx analizzò le contraddizioni intrinseche del capitalismo stesso. Sosteneva che la ricerca incessante del profitto da parte del capitalismo avrebbe portato alla sovrapproduzione, poiché i capitalisti cercavano costantemente di espandere la produzione per accumulare più ricchezza. Questa sovrapproduzione, combinata con le intrinseche disuguaglianze nella distribuzione della ricchezza, avrebbe portato a regolari crisi economiche, in cui i mercati sarebbero crollati, la disoccupazione sarebbe aumentata e i lavoratori avrebbero sofferto.

Marx ha anche esaminato gli effetti alienanti della produzione capitalista. Ha sostenuto che nel capitalismo i lavoratori sono disconnessi dai prodotti del loro lavoro, poiché i mezzi di produzione sono di proprietà privata, il che porta a un senso di alienazione e distacco dai loro stessi poteri creativi. I lavoratori sono ridotti a semplici merci, vendono la loro forza lavoro per salari e sono incapaci di realizzare pienamente il loro potenziale umano all'interno del sistema capitalista.

Gli scritti sociali e politici di Jean-Jacques Rousseau:

Le idee di Rousseau ruotano attorno al concetto centrale del contratto sociale, che egli ha notoriamente articolato nella sua opera intitolata "Il contratto sociale". Secondo Rousseau, gli individui si uniscono volontariamente e accettano di formare una società cedendo alcuni dei loro diritti e libertà naturali all'organismo collettivo governato dalla volontà generale. Questa relazione contrattuale mira a garantire il bene comune e preservare la libertà individuale all'interno di un quadro sociale regolato. Rousseau credeva che il contratto sociale fosse il mezzo con cui gli esseri umani sfuggono allo stato di natura, dove c'è una lotta costante per la sopravvivenza e l'assenza di qualsiasi ordine sociale armonioso.

Il concetto di contratto sociale di Rousseau ha offerto una base fondamentale per l'istituzione di sistemi politici giusti e ha fornito un fondamento teorico per le moderne istituzioni democratiche. Entrando volontariamente nel contratto sociale, gli individui diventano membri di una comunità politica con responsabilità condivise e obblighi reciproci. Questa teoria ha costituito la base concettuale per gli ideali democratici di sovranità popolare e consenso dei governati, che servono come pilastri essenziali dei moderni sistemi democratici.

La nozione di volontà generale è strettamente intrecciata con la teoria del contratto sociale di Rousseau. La volontà generale rappresenta la volontà collettiva delle persone, gli interessi comuni e i desideri che trascendono le preferenze individuali. Rousseau sostiene che la volontà generale dovrebbe guidare il processo decisionale all'interno della società, aiutando a dare forma a leggi e politiche che riflettano gli interessi condivisi della comunità. Credeva che quando gli individui partecipano alla formazione della volontà generale, non agiscono solo come cittadini, ma anche come agenti morali che prendono decisioni per il bene comune.

La volontà generale funge da salvaguardia contro l'imposizione di un potere arbitrario e assicura che le leggi e le politiche siano fatte a beneficio di tutti i cittadini. Rappresenta la vera fonte di autorità e legittimità in una società giusta. Rousseau ha sottolineato che la volontà generale deve essere distinta dalla volontà di tutti, che può riflettere interessi egoistici o parziali. La volontà generale è una volontà razionale, imparziale e comune che rappresenta i migliori interessi della società nel suo insieme. Rousseau ha sostenuto che gli individui devono sottomettere i loro ristretti interessi personali alla volontà generale e che coloro che agiscono in modo contrario alla volontà generale dovrebbero essere costretti a seguirla "dall'intero corpo nella sua capacità corporativa". Tuttavia, la concezione di Rousseau della volontà generale è stata oggetto di critiche e dibattiti, poiché la sua determinazione ed espressione rimangono questioni complesse nella pratica.

La critica di Rousseau all'istituzione della proprietà privata fu un altro elemento fondamentale dei suoi scritti sociali e politici. Credeva che la proprietà privata contribuisse alla disuguaglianza e alla corruzione della società. Rivendicando la proprietà esclusiva di risorse e ricchezza, i pochi privilegiati ottennero potere sulla maggioranza, portando a una distribuzione ingiusta di risorse e opportunità. Rousseau sosteneva che la distribuzione ineguale della proprietà aveva profonde conseguenze per le relazioni umane e l'armonia sociale.

Secondo Rousseau, la proprietà privata fa sì che gli individui diventino egoisti e competitivi, portando a divisioni e conflitti sociali. Propose il concetto di "buon selvaggio", suggerendo che i primi esseri umani nello stato di natura erano essenzialmente buoni e vivevano in pacifica armonia tra loro. Tuttavia, l'introduzione della proprietà privata interruppe questa armonia naturale, poiché creò distinzioni di classe e relazioni di potere ineguali. Rousseau credeva che solo tornando a una distribuzione più equa della proprietà e alla proprietà collettiva la società avrebbe potuto raggiungere vera giustizia e armonia.

Questa critica trovò forte riscontro in Karl Marx, che la ampliò e sviluppò una teoria completa del capitalismo come sistema costruito sullo sfruttamento insito nella proprietà privata dei mezzi di produzione. Marx sosteneva che sotto il capitalismo, la borghesia, o la classe capitalista, accumulava ricchezza e potere a spese del proletariato, la classe operaia. Questo sfruttamento e questa oppressione, sosteneva Marx, erano insiti nel modo di produzione capitalista, portando all'alienazione e alla sottomissione del proletariato. La teoria della lotta di classe di Marx e il suo appello all'emancipazione della classe operaia furono profondamente influenzati dalla critica di Rousseau alla proprietà privata e alla disuguaglianza sociale.

Inoltre, le opinioni di Rousseau sull'istruzione e il suo ruolo nel plasmare gli individui e la società hanno avuto un impatto duraturo anche sul pensiero politico. Sottolineando l'importanza dell'istruzione nella costruzione del carattere morale e della responsabilità civica, Rousseau ha sostenuto un sistema educativo completo che coltiva cittadini capaci di partecipare attivamente agli affari dello Stato. Le sue idee sull'istruzione hanno evidenziato il potere trasformativo della conoscenza e il ruolo della coscienza nel cambiamento sociale.

Rousseau credeva che l'istruzione non dovesse concentrarsi solo sullo sviluppo intellettuale; dovesse essere olistica e includere un'enfasi sulla virtù e sulle abilità pratiche. Propose un modello educativo che bilanciasse l'istruzione intellettuale e morale, consentendo agli individui di coltivare le proprie capacità razionali ed emotive, instillando al contempo un senso di appartenenza e dovere civico. Rousseau sosteneva che una cittadinanza ben istruita è essenziale per il funzionamento di una società giusta, poiché i cittadini devono essere informati, coinvolti e in grado di deliberare su questioni che influenzano il loro benessere collettivo.

Anche Marx riconobbe l'importanza dell'istruzione e della consapevolezza nel suo progetto rivoluzionario, sostenendo l'istruzione della classe operaia per darle il potere di sfidare e superare il sistema capitalista. Marx credeva che l'istruzione fosse uno strumento cruciale per la classe operaia per acquisire consapevolezza di classe e riconoscere i propri interessi condivisi come collettività. Immaginava una società futura in cui l'istruzione fosse libera dai confini delle divisioni di classe e diventasse un mezzo per coltivare l'intero individuo, libero dalle forze alienanti e sfruttatrici del capitalismo.

L'impatto di Friedrich Engels sull'opera di Marx:

Friedrich Engels, il rinomato filosofo, scienziato sociale e attivista, è una figura indomita nello sviluppo e nell'amplificazione delle idee rivoluzionarie di Karl Marx. La bravura intellettuale, la dedizione e la stretta amicizia di Engels con Marx hanno consolidato la sua posizione di pensatore influente e figura di spicco nel pensiero socialista e comunista.

Nato il 28 novembre 1820 a Barmen, in Germania, Engels crebbe nel mezzo della tumultuosa transizione da una società agricola a una industrializzata. Sperimentando in prima persona gli effetti devastanti del primo capitalismo sulla classe operaia, Engels sviluppò un fermo impegno nello studio e nella critica dell'ordine sociale ed economico esistente.

La profonda influenza di Engels deriva dalla sua estesa collaborazione con Marx. La loro straordinaria collaborazione durò diversi decenni e diede origine a profondi contributi intellettuali che continuano a plasmare il pensiero politico fino a oggi. Insieme, furono co-autori del Manifesto del Partito Comunista, un documento fondamentale che delineava gli obiettivi e i principi del socialismo. Pubblicato nel 1848, questo lavoro fondamentale accese un fervente appello alla liberazione della classe operaia.

Il lavoro accademico di Engels ha svolto un ruolo fondamentale nel confermare e ampliare le teorie di Marx. La sua meticolosa ricerca, unita alle sue acute capacità di osservazione, ha permesso a Engels di immergersi nelle condizioni affrontate dalla classe operaia durante la rivoluzione industriale. La sua analisi rivoluzionaria, pubblicata nel 1845 come "La condizione della classe operaia in Inghilterra", ha fornito a Marx prove concrete del profondo sfruttamento e delle pessime condizioni di vita sopportate dai lavoratori.

Queste scoperte hanno plasmato in modo fondamentale la comprensione di Marx delle realtà del capitalismo, portando allo sviluppo della sua teoria della lotta di classe. La capacità di Engels di sintetizzare dati sociali ed economici complessi in argomentazioni chiare e convincenti ha consolidato la sua reputazione di studioso formidabile a pieno titolo.

L'analisi completa di Engels ha sottolineato la natura sfruttatrice del capitalismo, gettando luce su come la classe operaia abbia sofferto sotto il peso delle disuguaglianze economiche e sociali. La sua ricerca ha sottolineato le contraddizioni intrinseche del modo di produzione capitalista, costringendo Marx a intensificare la sua critica di questo sistema. Le intuizioni di Engels hanno fornito a Marx una comprensione completa delle dinamiche di classe e del potenziale per un cambiamento rivoluzionario.

Oltre ai suoi contributi all'opera di Marx, Engels scrisse testi influenti di sua proprietà. "L'origine della famiglia, della proprietà privata e dello Stato", pubblicato nel 1884, esaminò la relazione tra la struttura familiare, la proprietà privata e lo Stato. Engels sostenne che l'emergere della società di classe richiedeva la sottomissione delle donne e l'istituzione del matrimonio monogamo come mezzo per garantire l'eredità e perpetuare la disuguaglianza sociale. La sua analisi gettò le basi per le critiche femministe all'istituzione della famiglia e ampliò la portata della teoria marxista.

Dopo la morte di Marx nel 1883, Engels si dedicò all'arduo compito di modificare e completare i volumi rimanenti della monumentale opera di Marx, "Il Capitale". Questo impegno garantì che le idee di Marx, che erano ancora in evoluzione al momento della sua scomparsa, non sarebbero andate perdute nella storia. La perseveranza e il rigore intellettuale di Engels assicurarono la continuazione della narrazione di Marx, affermandolo come una forza critica nella diffusione e nello sviluppo della teoria marxista.

Capitolo VI
L'ESPLORAZIONE DELLE MERCI E DEL DENARO

Marx approfondisce i concetti fondamentali delle merci, gettando le basi per la sua analisi del capitalismo. Inizia spiegando che una merce è un oggetto prodotto per lo scambio, che possiede sia valore d'uso che valore di scambio. Il valore d'uso si riferisce all'utilità o utilità intrinseca di una merce, mentre il valore di scambio rappresenta il suo valore in relazione ad altre merci.

Marx sottolinea che il valore di una merce non è semplicemente determinato dalle sue proprietà fisiche o dallo sforzo profuso per produrla, ma dalla quantità di tempo di lavoro socialmente necessario impiegato nella sua produzione. Il tempo di lavoro socialmente necessario si riferisce al tempo medio richiesto per produrre una merce nelle attuali condizioni sociali. È fondamentale notare che il lavoro crea valore, poiché è attraverso il lavoro che le materie prime vengono trasformate in merci utili. Tuttavia, è il tempo di lavoro socialmente necessario che determina il valore di una merce nello scambio.

Inoltre, Marx distingue tra lavoro concreto e lavoro astratto. Il lavoro concreto si riferisce alle competenze e alle attività specifiche richieste per produrre un particolare valore d'uso. Ogni tipo di lavoro concreto contribuisce a creare uno specifico valore d'uso. Ad esempio, il lavoro di un falegname che realizza una sedia è considerato lavoro concreto. D'altro canto, il lavoro astratto rappresenta il carattere generale del lavoro umano, spogliato dei suoi attributi specifici. Nel contesto del valore di scambio, è solo la grandezza del lavoro astratto che conta, poiché determina il valore di una merce.

Il concetto di valore è ulteriormente esplorato da Marx attraverso la teoria del valore-lavoro. Secondo questa teoria, il valore di una merce è determinato dal tempo di lavoro socialmente necessario per produrla. Questa teoria sfida la nozione prevalente di valore nella società capitalista, che è spesso associata esclusivamente al prezzo di mercato di una merce. Marx sostiene che i prezzi di mercato possono fluttuare a causa della domanda e dell'offerta, ma il valore rimane radicato nel tempo di lavoro socialmente necessario richiesto per la produzione.

Marx esamina anche i fenomeni della forma-valore e della forma-valore d'uso. La forma-valore si riferisce alla rappresentazione del valore attraverso relazioni di scambio, in cui le merci acquisiscono una forma astratta e quantificabile di valore. In altre parole, quando le merci vengono scambiate, il loro valore è espresso in termini di una misura comune, solitamente il denaro. Questa quantificazione del valore consente la comparabilità e facilita il processo di scambio. D'altro canto, la forma-valore d'uso rappresenta le caratteristiche fisiche e le qualità della merce che la rendono utile agli individui. Ad esempio, il valore d'uso di una giacca risiede nella sua capacità di proteggere chi la indossa dal freddo.

Attraverso la sua analisi in questo capitolo, Marx evidenzia le contraddizioni e le tensioni essenziali inerenti al modo di produzione capitalista. Dimostra come il lavoro, fondamento di ogni valore, sia mercificato sotto il capitalismo, diventando una merce in sé attraverso il sistema del lavoro salariato. I lavoratori sono costretti a vendere la loro forza lavoro ai capitalisti, che controllano i mezzi di produzione, per sostenere il loro sostentamento. Questa alienazione del lavoro si traduce nell'estraniazione dei lavoratori dai prodotti del loro stesso lavoro e perpetua le dinamiche di sfruttamento del capitalismo.

Inoltre, Marx critica il feticismo delle merci, in cui le relazioni sociali tra le persone sono oscurate dalle relazioni di scambio tra le loro merci. Nella società capitalista, le merci sembrano possedere un'esistenza indipendente ed esercitare un potere mistico sugli individui. Il valore attribuito alle merci si stacca dal lavoro che serve per la loro produzione, creando un sistema di apparenze in cui la vera fonte del valore è nascosta.

Merci:

Le merci, in quanto oggetti di scambio economico, incarnano relazioni sociali che sono caratteristiche delle economie capitaliste. Per esplorare la natura multiforme delle merci, è essenziale approfondire i loro vari aspetti e svelare le complessità che le definiscono.

In precedenza, abbiamo discusso la nozione di valore d'uso, che si riferisce all'utilità o all'utilità che una merce specifica possiede. Tuttavia, nel capitalismo, il valore d'uso non è determinato esclusivamente dalle preferenze individuali o dai giudizi soggettivi. Invece, è modellato dai bisogni e dai desideri sociali di una data società. L'utilità di una merce emerge non come una proprietà intrinseca, ma piuttosto dal contesto sociale in cui viene prodotta e consumata.

Sebbene sia importante comprendere il valore d'uso, è altrettanto cruciale comprendere il valore di scambio, che si estende oltre la misura quantitativa del valore rappresentata dal tempo di lavoro richiesto per la produzione. Il valore di scambio è influenzato da una miriade di fattori, tra cui le condizioni di mercato, le dinamiche di domanda e offerta e altri elementi che incidono sul valore relativo delle merci. Di conseguenza, i prezzi, che fungono da espressione monetaria del valore di scambio, fluttuano in base a questi fattori e possono spesso deviare dal valore sottostante di una merce.

La teoria del valore-lavoro, inizialmente sviluppata da economisti classici come Adam Smith e David Ricardo, postula che il valore di una merce è determinato dal tempo di lavoro medio socialmente necessario impiegato nella sua produzione. Tuttavia, è importante riconoscere che questa teoria è stata oggetto di dibattito e critica nel corso degli anni. Marx, nella sua analisi, ammette che mentre il lavoro è effettivamente la fonte di tutto il valore, è il tempo di lavoro socialmente necessario a governare il valore di scambio in un sistema capitalista. Ciò significa che solo il tempo di lavoro richiesto per soddisfare la domanda sociale di una merce particolare contribuisce al suo valore, mentre qualsiasi tempo di lavoro aggiuntivo impiegato non ne aumenta il valore.

La produzione capitalista è caratterizzata dal predominio del capitale sul lavoro, un aspetto che ha un profondo impatto sulla natura delle merci. Nel capitalismo, la forza lavoro stessa diventa una merce, soggetta allo sfruttamento da parte della classe capitalista. I lavoratori sono costretti a vendere la loro forza lavoro per garantire il loro sostentamento, mentre i capitalisti, che controllano i mezzi di produzione, accumulano profitti attraverso il plusvalore estratto dal lavoro della classe operaia. Questo sfruttamento è una caratteristica fondamentale del capitalismo, che crea divisioni di classe e perpetua la disuguaglianza nella società.

Le merci sono invischiate in complesse relazioni sociali di produzione, distribuzione e consumo. La dipendenza del capitalismo dal mercato, dove le merci vengono acquistate e vendute, è governata da leggi economiche che modellano le dinamiche di domanda, offerta, concorrenza e prezzo. La circolazione delle merci all'interno delle società capitaliste non è semplicemente guidata dai bisogni umani, ma piuttosto mediata attraverso la ricerca del profitto, l'accumulazione e l'espansione del capitale.

Scambio:

Marx sottolinea il ruolo del valore come relazione sociale piuttosto che come proprietà intrinseca di una merce. Egli espone l'idea che il valore rappresenti la quantità di tempo di lavoro socialmente necessario richiesto per produrre una merce. Tuttavia, chiarisce ulteriormente che il tempo di lavoro socialmente necessario non è un'aggregazione di input di lavoro individuali, ma piuttosto una media determinata dalla produttività complessiva del lavoro all'interno della società. Questo tempo di lavoro medio costituisce la base per confrontare quantitativamente le merci e i loro valori.

L'analisi di Marx sullo scambio va oltre l'atto immediato di scambiare una merce con un'altra. Egli sottolinea che lo scambio è un prodotto della divisione del lavoro all'interno della società. Nelle società capitaliste, i compiti sono specializzati e gli individui producono merci specifiche, mentre i loro bisogni richiedono una gamma diversificata di beni e servizi. Pertanto, lo scambio diventa il meccanismo necessario per colmare questo divario e garantire la soddisfazione di diversi bisogni e desideri.

Inoltre, Marx esplora la nozione di valore d'uso e valore di scambio, svelandone la relazione. Il valore d'uso si riferisce all'utilità o all'utilità specifica che una merce possiede, consentendole di soddisfare i bisogni e i desideri umani. D'altro canto, il valore di scambio rappresenta un'espressione quantitativa del valore di una merce in relazione ad altre merci. Mentre il valore d'uso nasce dalle proprietà fisiche di una merce, il valore di scambio emerge dalle relazioni sociali di produzione e dal coinvolgimento del lavoro.

Marx riconosce la natura paradossale del valore di scambio e come questo oscuri la vera sostanza del valore, che è il tempo di lavoro socialmente necessario. Nel capitalismo, il valore di scambio domina come forma primaria di valore, oscurando l'importanza del valore d'uso. Questa priorità del valore di scambio porta a una distorsione nella nostra percezione del valore, poiché le merci sono valutate principalmente in base alla loro capacità di essere scambiate con denaro piuttosto che alla loro utilità intrinseca. Questa trasformazione dà origine a una cultura del consumo, in cui il valore di una merce è determinato esclusivamente dalla sua scambiabilità con denaro, piuttosto che dalla sua effettiva utilità nel soddisfare i bisogni umani.

Inoltre, Marx approfondisce lo sviluppo del denaro come equivalente universale. Il denaro agisce come mediatore dello scambio, riunendo diverse merci e consentendo che i loro valori siano confrontati su una scala comune. Semplifica il processo di scambio fornendo una misura di valore universalmente accettata e facilitando la circolazione delle merci all'interno del sistema capitalista. Il denaro agisce come una potente forza sociale che plasma e governa le società capitaliste. Trasforma gli oggetti di uso quotidiano in rappresentazioni astratte di valore, rafforzando le relazioni sociali di produzione e facilitando la distribuzione ineguale della ricchezza.

Espandendo la forma relativa del valore, Marx spiega che questa espressione del valore di una merce in relazione ad altre è determinata dal valore di scambio che possiede. Questo valore di scambio è in ultima analisi rappresentato dalla quantità di un'altra merce con cui può essere scambiata sul mercato. La relazione tra merci, mediata dai rispettivi valori, riflette le relazioni sociali stabilite attraverso il processo di scambio. È attraverso questo processo che la nozione astratta di valore si concretizza, consentendo le interazioni e gli scambi tra individui all'interno del sistema capitalista.

Lo scambio non è semplicemente un atto di scambio di beni, ma una relazione sociale fondamentale che determina l'allocazione e la distribuzione delle risorse. Il predominio del valore di scambio sul valore d'uso nelle società capitaliste plasma il modo in cui i beni vengono prodotti, consumati e valutati. Analizzando le dinamiche dello scambio e il ruolo del valore, Marx getta le basi per la sua critica delle contraddizioni intrinseche del capitalismo e dello sfruttamento incorporato nel modo di produzione capitalista. Questa comprensione dello scambio e del valore diventa essenziale per svelare le più ampie complessità della società capitalista e il potenziale per modalità alternative di organizzazione della produzione e della distribuzione che danno priorità ai bisogni e al benessere umani rispetto all'accumulazione di profitti.

Soldi:

Considerando il denaro come una relazione sociale, Marx ci accompagna in un viaggio alla scoperta del suo sviluppo storico e della rete di contraddizioni che esso tesse all'interno del sistema capitalista.

Marx chiarisce che il denaro non nasce dai capricci dei governi o dai diktat della classe dirigente. Piuttosto, è un prodotto di relazioni sociali radicate e dei processi economici che ne emergono. La necessità di un mezzo di scambio universalmente accettato è nata con l'evoluzione delle società e la divisione del lavoro ha portato gli individui a specializzarsi nella produzione di merci specifiche. La crescente complessità del commercio ha reso necessario un mezzo attraverso il quale queste diverse merci potessero essere scambiate senza sforzo, culminando nell'emergere del denaro.

Tuttavia, Marx afferma che il denaro non è limitato solo ai metalli preziosi come l'oro o l'argento. Nel corso della storia, il denaro ha assunto varie forme, adattandosi alle esigenze e ai contesti di diverse società. Potrebbe essere conchiglie, perline o persino valute virtuali nella nostra era moderna. Ciò che conta non è la materialità del denaro, ma piuttosto la sua rappresentazione sociale accettata del valore.

Approfondendo la natura del denaro all'interno del sistema capitalista, Marx ne svela il carattere contraddittorio. Da un lato, il denaro è una forza facilitatrice, che consente lo scambio di merci e lo sviluppo di relazioni di mercato. Agisce come un mezzo attraverso il quale le merci possono essere liberamente acquistate e vendute, accelerando l'espansione del commercio e guidando le ruote dell'economia capitalista.

Tuttavia, il denaro stesso si trasforma in una merce all'interno del quadro capitalista. Non è più semplicemente un mezzo di scambio, ma diventa anche un oggetto di speculazione e ricerca del profitto. Nascono i mercati finanziari, dove il denaro viene acquistato e venduto per accumulare ulteriore ricchezza. Questa mercificazione del denaro intensifica le contraddizioni all'interno del sistema capitalista, esacerbando la disuguaglianza sociale e generando instabilità.

Marx si addentra ancora di più, esplorando la relazione tra denaro e capitale. Il denaro, come forma di capitale, diventa strumentale nell'estrazione del plusvalore dai lavoratori durante il processo di produzione. I capitalisti utilizzano il denaro per sfruttare la forza lavoro dei lavoratori, perpetuando le disuguaglianze economiche e approfondendo le divisioni di classe.

Inoltre, Marx sottolinea il profondo impatto del denaro sulle relazioni sociali. Man mano che l'accumulazione di capitale diventa la forza trainante ultima, le relazioni interpersonali vengono distorte, assorbite dalle transazioni monetarie. Il valore intrinseco della connessione umana e del benessere collettivo viene soppiantato dall'incessante ricerca del profitto.

Marx conclude affermando che l'intreccio del denaro con il capitalismo genera limitazioni e contraddizioni fondamentali. Mentre il denaro è vitale per facilitare lo scambio, la sua ricerca nel perseguimento dell'accumulazione di capitale distorce le relazioni sociali e aliena gli individui dal loro lavoro. La vera trasformazione richiede una rivalutazione del ruolo del denaro e uno spostamento verso un sistema alternativo incentrato sui bisogni umani e sul benessere collettivo, piuttosto che sulla spinta incessante al profitto.

Capitolo VII
LA TRASFORMAZIONE DEL DENARO IN CAPITALE

La formula generale per il capitale:

In "Il Capitale", Marx approfondisce la formula fondamentale del capitale, fornendo spunti chiave sulla natura della produzione e dello scambio capitalistico. Inizia affermando che la sola circolazione delle merci non può creare capitale. Affinché il capitale si formi, afferma che il denaro deve prima essere trasformato in merci, e poi queste merci devono essere vendute a un prezzo maggiore dell'investimento iniziale.

Marx introduce il concetto di MCM', che rappresenta la circolazione del capitale. In questa formula, M sta per denaro, C sta per merci e M' rappresenta una somma di denaro aumentata, definita plusvalore o profitto. Egli sottolinea che lo scopo del capitalista non è semplicemente acquisire più denaro, ma accumulare capitale aumentando il valore del suo investimento iniziale.

Il processo di circolazione del capitale è analizzato in due fasi: la prima fase comporta l'acquisto di merci (C) utilizzando denaro (M), e la seconda fase comporta la vendita di queste merci a un prezzo più alto (M'). Questa trasformazione del denaro in merci e poi di nuovo in denaro è ciò che caratterizza il funzionamento del capitale.

All'interno di questo processo, Marx identifica la fonte chiave del plusvalore nello sfruttamento della forza lavoro. Il valore aggiunto alle merci nel processo di produzione deriva dal lavoro dei lavoratori che producono più valore di quanto ricevono in salario. Questo plusvalore è la forza trainante dietro l'accumulazione di capitale, poiché viene reinvestito nel processo di produzione, portando alla generazione di ancora più plusvalore in un ciclo continuo.

Tuttavia, Marx continua a evidenziare le contraddizioni insite nella formula generale del capitale. Da un lato, la classe capitalista cerca di aumentare la propria ricchezza attraverso lo sfruttamento del lavoro e l'accumulazione di plusvalore. Dall'altro, questo processo dà origine a tensioni sociali e contraddizioni all'interno del sistema capitalista.

Una di queste contraddizioni è il conflitto intrinseco tra lavoro e capitale. La classe capitalista cerca di estrarre il più possibile plusvalore dai lavoratori, portando a un antagonismo intrinseco tra gli interessi dei capitalisti e dei lavoratori. Mentre i lavoratori si sforzano di ottenere salari migliori, migliori condizioni di lavoro e una distribuzione più equa della ricchezza, i capitalisti mirano a massimizzare i profitti mantenendo bassi i costi del lavoro.

Il sistema capitalista perpetua anche le disuguaglianze di ricchezza e potere. Man mano che i capitalisti accumulano sempre più ricchezza, concentrano anche il potere economico in meno mani. Questa concentrazione, nota come centralizzazione del capitale, porta a una maggiore monopolizzazione di settori e risorse chiave, esacerbando ulteriormente le disuguaglianze all'interno della società. La classe capitalista esercita il controllo sui mezzi di produzione, determinando le condizioni in cui si svolge il lavoro e influenzando la distribuzione della ricchezza.

Inoltre, Marx sostiene che la continua ricerca dell'accumulazione di capitale può dare origine a crisi economiche. La sovrapproduzione di merci, guidata dal desiderio di profitto, può creare squilibri tra domanda e offerta, portando a instabilità di mercato e recessione. Queste crisi non solo interrompono il benessere dei lavoratori, ma minacciano anche la stabilità dell'intero sistema capitalista.

Inoltre, Marx esplora gli effetti alienanti della formula generale del capitale. In una società capitalista, i lavoratori vendono la loro forza lavoro, che diventa una mera merce, scollegata dalle loro capacità creative e dalla realizzazione individuale. Il modo di produzione capitalistico separa i lavoratori dai prodotti che producono, disorientando il loro senso di agenzia e scopo. Questa alienazione non è vissuta solo dai lavoratori, ma si estende anche ai capitalisti, che diventano spinti dalla logica dell'accumulazione di capitale piuttosto che dal perseguimento di interessi e passioni personali.

In sostanza, l'analisi di Marx della formula generale del capitale fornisce una comprensione completa delle dinamiche della produzione capitalistica e delle sue contraddizioni intrinseche. Mentre la circolazione del capitale spinge l'accumulazione di ricchezza, genera anche tensioni sociali, conflitti e crisi economiche. Attraverso la sua rigorosa analisi, Marx evidenzia la natura sfruttatrice delle relazioni capitalistiche e il potenziale per una società più equa e giusta in cui l'alienazione del lavoro viene superata e il benessere di tutti è prioritario.

Contraddizioni:

In precedenza, abbiamo approfondito la formula generale del capitale e abbiamo esaminato il processo di produzione capitalistica sotto il dominio del capitale. Questa formula, tuttavia, rivela contraddizioni più profonde che si trovano al centro del modo di produzione capitalistico. Queste contraddizioni non sono semplici difetti incidentali, ma aspetti integrali che ne modellano le dinamiche e ne guidano sia la funzione che la disfunzione.

Una delle contraddizioni più fondamentali è la contraddizione tra valore di scambio e valore d'uso. Le merci, essendo i mattoni della produzione capitalista, possiedono sia valore d'uso, che denota l'utilità o il beneficio specifico che forniscono, sia valore di scambio, che misura il loro valore in relazione ad altre merci. Mentre il valore d'uso indica le qualità concrete di una merce, è il valore di scambio che diventa cruciale all'interno del modo di produzione capitalista. Il capitalismo, guidato dalla ricerca del profitto, tende a dare priorità al valore di scambio rispetto al valore d'uso.

Nel capitalismo, la produzione di beni si basa principalmente sulla loro scambiabilità e potenziale redditività, piuttosto che sulla loro utilità diretta per gli individui o la società nel suo complesso. Questa inclinazione a dare priorità al valore di scambio crea uno squilibrio sistemico, in cui il mercato determina la produzione e la distribuzione dei beni piuttosto che le esigenze delle persone. Di conseguenza, assistiamo alla produzione di beni inutili o addirittura dannosi, purché generino profitto per la classe capitalista. Questa contraddizione tra valore di scambio e valore d'uso rivela l'irrazionalità e l'inefficienza intrinseche del modo di produzione capitalista, poiché le risorse non vengono assegnate in base al benessere della società, ma piuttosto in base all'accumulazione di capitale nelle mani di pochi.

Un'altra contraddizione nasce dalla duplice natura del lavoro all'interno del capitalismo. Il lavoro, come fonte sia di valore d'uso che di valore di scambio, detiene una posizione contraddittoria nel sistema capitalista. Da un lato, il lavoro è la fonte di tutta la ricchezza e la creazione di valore nella produzione capitalista; è la forza attiva che trasforma le materie prime in merci. È attraverso il processo lavorativo che il valore viene aggiunto e le merci acquisiscono valore di scambio. D'altro canto, il lavoro diventa una merce stessa - forza-lavoro - che può essere acquistata e venduta nel mercato capitalista.

Questa mercificazione del lavoro introduce una disparità di potere tra la classe capitalista, che possiede i mezzi di produzione, e la classe operaia, che deve vendere la propria forza lavoro per sopravvivere. Il capitalista estrae plusvalore dal lavoratore pagando salari inferiori al valore creato attraverso il suo lavoro. Questo sfruttamento intrinseco del lavoro è al centro del sistema capitalista, perpetuando le disuguaglianze sociali e generando conflitti di classe. La contraddizione tra il lavoro come fonte di creazione di valore e il lavoro come merce approfondisce le contraddizioni all'interno del capitalismo, poiché i lavoratori, che costituiscono la maggioranza della società, vengono sistematicamente sfruttati mentre il loro lavoro diventa la fonte di immensi profitti per una minoranza.

Inoltre, il capitale stesso è un concetto contraddittorio all'interno del capitalismo. Il capitale è sia un valore in movimento, che cerca di espandersi e accumularsi, sia una relazione sociale tra capitalisti e lavoratori. Come valore in movimento, il capitale si sforza costantemente di crescere e aumentare la redditività. Cerca incessantemente di valorizzare se stesso, di convertire il denaro in mezzi di produzione e forza lavoro, che successivamente producono più merci e plusvalore che possono essere venduti per un profitto maggiore.

Tuttavia, questa incessante spinta all'accumulazione porta all'esacerbazione delle divisioni di classe e all'alienazione delle masse lavoratrici. Il lavoratore, ridotto a un mero strumento di accumulazione di capitale, sperimenta l'alienazione dal proprio lavoro, dai prodotti che crea e dalla propria umanità. Diventando una mera estensione del capitale, il lavoro perde la sua essenza, trasformandosi in un mezzo per un fine piuttosto che in un'espressione di creatività e realizzazione umana. Pertanto, il capitale come relazione sociale diventa una fonte di sfruttamento e disumanizzazione, perpetuando disuguaglianze sistemiche.

Inoltre, la formula generale del capitale, con il suo movimento ciclico di denaro e merci, contiene ulteriori contraddizioni. Il denaro viene inizialmente trasformato in merci, necessarie per il processo di produzione, attraverso l'atto di acquisto. Queste merci, che costituiscono mezzi di produzione e forza-lavoro, vengono poi impiegate nel processo di produzione capitalistica.

L'obiettivo finale è trasformare queste merci di nuovo in più denaro attraverso la loro vendita, completando così il ciclo di accumulazione del capitale. Tuttavia, questo ciclo perpetuo presenta le sue contraddizioni interne. Il capitalista deve cercare continuamente nuovi mercati ed espandere la produzione per vendere le proprie merci e realizzare profitti. Questa spinta costante all'espansione può portare a sovrapproduzione, crisi economiche e alla destabilizzazione del sistema stesso. La natura competitiva del capitalismo induce i capitalisti a impegnarsi in una feroce competizione tra loro, determinando sfruttamento del lavoro, esaurimento delle risorse e degrado sociale ed ecologico.

Inoltre, la contraddizione tra la ricerca del profitto a breve termine e la sostenibilità a lungo termine sia dell'ambiente che della società diventa evidente. La spinta intrinseca del capitalismo alla massimizzazione del profitto spesso entra in conflitto con i limiti naturali del pianeta e le esigenze delle generazioni future. L'incessante estrazione di risorse e la ricerca della crescita economica, unite allo sfruttamento sfrenato del lavoro, generano disordini sociali, degrado ambientale e profonde disuguaglianze che minano il benessere dell'umanità nel suo insieme.

Queste profonde contraddizioni che permeano la formula generale del capitale espongono l'antagonismo insito nel modo di produzione capitalista. La ricerca del profitto e l'accumulazione di capitale portano inevitabilmente allo sfruttamento del lavoro, all'alienazione e alla creazione di disuguaglianze economiche e sociali. Queste contraddizioni non sono accidentali, ma derivano dalla struttura fondamentale del capitalismo stesso, un sistema che dà priorità agli interessi della classe capitalista rispetto al benessere e all'agenzia delle masse lavoratrici.

L'acquisto e la vendita della forza-lavoro:

Per illuminare la posizione distinta del lavoratore nel mercato, Marx intensifica la sua analisi chiarendo in che modo la forza lavoro differisce dalle altre merci. Egli chiarisce che mentre le altre merci sono prodotti tangibili, la capacità di lavorare del lavoratore è intangibile, rendendo la sua forza lavoro unica per natura. Ampliando questo argomento, Marx sottolinea che la forza lavoro non è un semplice oggetto o un prodotto; piuttosto, è l'essenza stessa della capacità e del potenziale umano.

All'interno del sistema capitalista, la forza lavoro del lavoratore diventa una merce preziosa a causa dell'alienazione dei mezzi di produzione. I mezzi di produzione, come fabbriche, macchinari e materie prime, sono concentrati nelle mani della classe capitalista, lasciando al lavoratore altra scelta che offrire la propria forza lavoro in vendita. Questa necessità nasce dalla privazione del lavoratore dell'accesso ai mezzi di sussistenza, rendendolo dipendente dalla vendita della propria forza lavoro per sopravvivere.

Marx sottolinea ulteriormente la natura paradossale della forza lavoro come merce. Mentre il lavoratore mantiene la proprietà della propria forza lavoro, è in ultima analisi costretto a venderla, spesso a un tasso svantaggioso, a causa della natura disperata della sua situazione. La costrizione a vendere la propria forza lavoro deriva dalla coercizione sistemica radicata nel modo di produzione capitalista, in cui il lavoratore non è lasciato senza altri mezzi validi per sostenere se stesso e le proprie famiglie.

Ampliando la nozione di forza lavoro come merce, Marx esplora il concetto di capitale variabile. Il capitale variabile si riferisce alla porzione di capitale che il capitalista alloca all'acquisto di forza lavoro. Questo funge da componente cruciale dell'investimento complessivo del capitalista, poiché la forza lavoro del lavoratore è la fonte del plusvalore che genera profitto. Il capitalista cerca di massimizzare il proprio investimento spremendo quanto più plusvalore possibile dal lavoratore, creando le condizioni per lo sfruttamento.

All'interno del modo di produzione capitalista, il salario dato al lavoratore diventa un meccanismo essenziale di controllo. Il salario, nonostante la sua apparenza di giusto scambio per la forza lavoro, è strategicamente stabilito dal capitalista per garantire la propria redditività. Questo salario artificialmente controllato limita la capacità del lavoratore di godere appieno dei frutti del proprio lavoro, mantenendo uno stato perpetuo di svantaggio economico. La discrepanza tra il valore effettivo creato dal lavoro del lavoratore e il misero salario che riceve evidenzia la natura sfruttatrice del sistema capitalista.

Marx chiarisce ulteriormente come il dominio del capitalista si estenda oltre il mero acquisto di forza lavoro. Il capitalista mantiene anche il controllo sulle condizioni di produzione e sull'organizzazione del lavoro. Imponendo una struttura gerarchica e implementando regole e regolamenti specifici, il capitalista esercita autorità sul processo lavorativo del lavoratore, sforzandosi di massimizzare la produttività e l'estrazione del plusvalore.

In linea con questa analisi, Marx esplora il concetto di intensità di capitale, che si riferisce al rapporto tra capitale costante (investito in macchinari e altre attività fisse) e capitale variabile (investito in forza lavoro). In un processo di produzione ad alta intensità di capitale, in cui la quota di capitale costante è elevata, il ruolo del lavoratore diventa sempre più subordinato ai macchinari. Ciò intensifica lo sfruttamento del lavoratore, poiché il suo lavoro diventa sempre più specializzato, monotono e ripetitivo. Sono ridotti a semplici appendici delle macchine che azionano.

Capitolo VIII
PLUSVALORE

Per comprendere la generazione di plusvalore, è fondamentale cogliere l'obiettivo fondamentale della produzione capitalista: l'accumulazione di capitale. Marx sottolinea che la soddisfazione dei bisogni umani e il benessere sono preoccupazioni subordinate, poiché l'obiettivo centrale del capitalismo risiede nell'incessante espansione del capitale. È all'interno di questo quadro che i capitalisti cercano di sfruttare la forza lavoro dei lavoratori, estraendo plusvalore dalla parte non pagata del loro tempo di lavoro.

Per comprendere il plusvalore, è necessario esaminare due componenti distinte: il tempo di lavoro necessario e il tempo di lavoro eccedente. Il tempo di lavoro necessario si riferisce al periodo richiesto ai lavoratori per produrre merci con un valore equivalente al loro salario, consentendo loro così di soddisfare i loro bisogni di sussistenza di base. Al contrario, il tempo di lavoro eccedente supera il tempo di lavoro necessario e rappresenta la fonte del plusvalore.

Nel delineare la distinzione tra forza-lavoro e lavoro, Marx mette in luce le complesse dinamiche in gioco. La forza-lavoro si riferisce alla capacità degli individui di lavorare, mentre il lavoro significa l'effettivo sforzo di energia durante il processo di produzione. Il valore della forza-lavoro è determinato dal tempo di lavoro socialmente necessario richiesto per la sua riproduzione, mentre il valore che il lavoro crea si estende oltre la sua stessa incarnazione.

Lo scambio di forza lavoro per un salario è al centro del sistema capitalista. I lavoratori ricevono salari che catturano solo una frazione del valore che generano attraverso la loro forza lavoro. È da questa disparità che nasce il plusvalore, derivante dalla capacità intrinseca della forza lavoro di produrre più valore di quanto non incarni.

Marx poi approfondisce i vari mezzi attraverso cui i capitalisti aumentano il plusvalore assoluto. Nonostante i progressi tecnologici che aumentano la produttività, la durata della giornata lavorativa per i lavoratori spesso rimane invariata. Invece, i capitalisti si appropriano dei benefici dell'aumento della produttività, accumulando maggiori profitti e mantenendo stagnanti i salari dei lavoratori. Questo sfruttamento incessante perpetua il crescente divario di ricchezza tra capitalisti e lavoratori e consolida ulteriormente la disuguaglianza sistemica.

Una critica attenta di questo sistema ne rivela la natura sfruttatrice. Prevale una struttura gerarchica, con la classe operaia che lotta per arrivare a fine mese mentre i capitalisti accumulano una vasta ricchezza. Ciò perpetua una dinamica di potere duratura in cui i capitalisti mantengono il loro controllo sui mezzi di produzione, sostenendo un sistema che dà priorità all'accumulazione di profitti rispetto al benessere complessivo degli individui.

Marx svela le contraddizioni intrinseche insite nel capitalismo, dove la ricerca incessante del profitto genera una lotta perpetua tra capitale e lavoro. La ricerca del plusvalore genera lo sfruttamento e l'alienazione della classe operaia, che sopporta i fardelli di un sistema che dà priorità al profitto rispetto alla propria dignità e ai propri mezzi di sostentamento.

Questa esplorazione della produzione di plusvalore assoluto getta le basi per la successiva analisi delle contraddizioni intrinseche del capitalismo e del potenziale rivoluzionario della classe operaia. Marx invita i lavoratori a unirsi e a sfidare il sistema di sfruttamento, sostenendo una trasformazione radicale che smantelli l'ordine capitalista e stabilisca una società più equa, che sostenga il benessere e l'autonomia di tutti i suoi membri.

Il processo lavorativo nel sistema capitalistico:

Marx inizia spiegando che la forza lavoro, la capacità di lavorare, è una merce unica perché può generare più valore di quanto costi. Il processo lavorativo implica sia la spesa di forza lavoro sia il consumo di mezzi di produzione. La forza lavoro è impiegata per trasformare i mezzi di produzione in un prodotto finito, che incarna una certa quantità di valore.

La forza lavoro possiede sia un valore d'uso che un valore di scambio. Il valore d'uso del lavoro si riferisce alla sua capacità di produrre beni e servizi, mentre il valore di scambio rappresenta il tempo di lavoro socialmente necessario richiesto per produrre tali merci. È fondamentale comprendere che il valore di scambio della forza lavoro è determinato dal tempo di lavoro socialmente necessario richiesto per riprodurre e mantenere il lavoratore, piuttosto che solo dal tempo di lavoro necessario per produrre le merci.

Il valore di una merce è determinato dal tempo di lavoro socialmente necessario richiesto per produrla. Tuttavia, quando la forza lavoro viene scambiata per un salario, il suo valore è determinato dal tempo di lavoro socialmente necessario richiesto per riprodurre e mantenere il lavoratore. Questa distinzione è fondamentale per comprendere la creazione di plusvalore.

Attraverso l'applicazione della forza lavoro ai mezzi di produzione, il lavoratore aggiunge valore alle materie prime. Questo valore viene creato attraverso due processi distinti: il consumo produttivo della forza lavoro e il consumo formativo dei mezzi di produzione. Durante il consumo produttivo della forza lavoro, il lavoratore utilizza attivamente le proprie competenze e conoscenze per trasformare le materie prime in prodotti finiti. Nel frattempo, il consumo formativo dei mezzi di produzione comporta l'incorporazione di questi materiali, macchinari e altri elementi nel processo di produzione.

L'attività produttiva del lavoratore trasferisce una parte del valore della sua forza lavoro al prodotto appena creato, con conseguente creazione di nuovo valore. Questo plusvalore nasce perché il valore aggiunto dal lavoratore attraverso il suo lavoro supera il valore del salario che riceve. L'entità del plusvalore è determinata dal tempo di lavoro in surplus, che rappresenta il tempo durante il quale il lavoratore lavora oltre il tempo di lavoro necessario richiesto per riprodurre la sua forza lavoro.

Il surplus di lavoro si riferisce al tempo di lavoro durante il quale il lavoratore lavora esclusivamente per il capitalista, producendo plusvalore anziché l'equivalente del suo salario. Per estrarre il plusvalore in modo efficiente, i capitalisti si sforzano di prolungare la giornata lavorativa o di intensificare lo sforzo lavorativo, spesso attraverso mezzi coercitivi. Questa estensione della giornata lavorativa, che porta al plusvalore assoluto, consente l'allungamento del tempo di surplus di lavoro. L'implementazione di progressi tecnologici e l'aumento della produttività consentono ai capitalisti di ridurre il tempo di lavoro necessario richiesto per la produzione di merci, aumentando di fatto la quota di tempo di surplus di lavoro e generando plusvalore relativo.

Il desiderio di accumulare plusvalore guida il sistema capitalista, creando un conflitto intrinseco tra capitalisti e lavoratori. Il capitalista, motivato dal profitto, cerca di intensificare lo sfruttamento del lavoro per massimizzare l'estrazione del plusvalore. Questa tensione si manifesta in varie forme, tra cui controversie salariali, scioperi sindacali e il deterioramento delle condizioni di lavoro.

Marx sostiene inoltre che la realizzazione del plusvalore dipende dalla produzione e dallo scambio di merci. Il tempo di lavoro in eccesso del lavoratore è oggettivato nelle merci prodotte, che vengono poi scambiate sul mercato. La realizzazione del plusvalore avviene quando le merci vengono vendute, consentendo al capitalista di convertire il plusvalore estratto in profitto monetario.

Lo sfruttamento del lavoro nella ricerca del plusvalore non solo porta alla disuguaglianza economica, ma perpetua anche le disuguaglianze sociali sistemiche. L'estrazione del plusvalore provoca una contraddizione nel sistema capitalista, dove la ricchezza e il potere si accumulano nelle mani di pochi capitalisti mentre la maggioranza dei lavoratori lotta per arrivare a fine mese.

Capitale costante e variabile:

Nel modo di produzione capitalistico, il processo di creazione delle merci si basa sull'interazione di due entità fondamentali: capitale costante e capitale variabile. Queste componenti distinte non solo modellano le dinamiche delle relazioni capitalistiche, ma sostengono anche i meccanismi di estrazione del plusvalore e di accumulazione del capitale.

Il capitale costante comprende il capitale investito nei mezzi di produzione, che costituiscono il fondamento materiale su cui avviene la produzione. Comprende vari elementi necessari per la produzione, tra cui macchinari, materie prime, edifici e altre attività fisse. Come lavoro cristallizzato dai precedenti cicli di produzione, il capitale costante trasferisce il suo valore al prodotto finale pur rimanendo invariato durante il processo di produzione. Tuttavia, svolge un ruolo critico nel determinare il valore dell'output, influenzando la quantità di tempo di lavoro socialmente necessario richiesto per la sua produzione.

L'altro costituente essenziale, il capitale variabile, si riferisce al capitale investito specificamente nella forza lavoro umana. A differenza del capitale costante, il valore del capitale variabile non è fisso e dipende dal tempo che i lavoratori dedicano al processo di produzione. Il valore della forza lavoro è determinato dai mezzi socialmente necessari richiesti ai lavoratori e alle loro famiglie per riprodursi, come cibo, riparo, vestiario e altri beni essenziali. I capitalisti sfruttano questa forza lavoro impiegando lavoratori e compensandoli con salari proporzionali al valore della loro forza lavoro.

La distinzione cruciale tra capitale costante e capitale variabile risiede nei rispettivi ruoli nella produzione di plusvalore. Il plusvalore indica il plusvalore estratto dai lavoratori oltre quanto necessario per la riproduzione della loro forza lavoro. È la forza trainante dietro l'accumulazione di capitale e funge da fonte di profitto per la classe capitalista.

Il capitale costante, da solo, non crea direttamente plusvalore. Il suo valore rimane preservato nel prodotto finale, aggiungendosi al suo valore totale ma non aumentando durante il processo di produzione. Al contrario, il capitale variabile costituisce l'essenza della produzione di plusvalore attraverso lo sfruttamento della forza lavoro. Nonostante ricevano salari equivalenti al valore della loro forza lavoro, i lavoratori contribuiscono alla produzione di merci con un valore che supera la somma del capitale costante e variabile investito. Questo plusvalore rappresenta il lavoro in eccesso non retribuito estratto dai lavoratori, che viene appropriato dai capitalisti come profitto.

Per comprendere la generazione di plusvalore è necessario addentrarsi nei meandri dello sfruttamento del lavoro e nei meccanismi alla base della produzione capitalista. La composizione organica del capitale, che denota la proporzione tra capitale costante e capitale variabile, assume grande importanza in questo contesto. I progressi tecnologici e l'introduzione di macchinari più sofisticati tendono ad aumentare il rapporto tra capitale costante e capitale variabile. Di conseguenza, la composizione organica del capitale aumenta, aumentando la produttività e diminuendo al contempo la quantità relativa di lavoro immediato sfruttato dalla classe capitalista.

La natura contraddittoria del modo di produzione capitalista diventa evidente attraverso un'analisi del capitale costante e del capitale variabile. Lo sfruttamento della forza lavoro da parte del capitale, manifestato nell'estrazione del plusvalore, alimenta l'accumulazione di capitale mentre approfondisce la stratificazione sociale e le disparità di classe. È all'interno di questo quadro che si dispiega la critica del capitalismo di Marx, gettando luce sulla natura sfruttatrice del sistema e sostenendo l'emancipazione della classe operaia.

Tasso di plusvalore:

Il tasso di plusvalore, come spiega Marx, costituisce l'essenza stessa dello sfruttamento all'interno del sistema capitalista. È la misura precisa del grado in cui la società capitalista si appropria del plusvalore della classe operaia.

Partendo dalla nozione di tempo di lavoro necessario, Marx chiarisce che si riferisce al tempo richiesto dai lavoratori per produrre il valore necessario alla propria sussistenza. Questo lavoro necessario serve come mezzo per i lavoratori per riprodursi e continuare il loro lavoro all'interno dell'implacabile macchina capitalista. D'altro canto, il plusvalore rappresenta il lavoro aggiuntivo estratto dai lavoratori, che supera il tempo di lavoro necessario. È all'interno di questo plusvalore che il capitalista trova la fonte sostanziale di profitto.

Per calcolare il tasso di plusvalore, Marx impiega abilmente la formula: plusvalore diviso per il tempo di lavoro necessario. Questa formula cattura intimamente la relazione tra la durata del plusvalore e il tempo necessario per la riproduzione del lavoro. Il tasso di plusvalore risultante espone la portata precisa dello sfruttamento sopportato dalla classe operaia e il plusvalore estratto dal capitalista.

In questa indagine, è fondamentale distinguere tra il tasso di plusvalore e la quantità assoluta di plusvalore. Mentre il tasso di plusvalore esamina la proporzionalità tra tempo di lavoro necessario e tempo di lavoro in surplus, la quantità assoluta di plusvalore svela il puro surplus di lavoro quantitativo ottenuto dal capitalista.

Marx sottolinea che il tasso di plusvalore può essere amplificato attraverso diversi mezzi. Un metodo impiegato dal capitalista è il prolungamento della giornata lavorativa, violando i sacri confini del tempo libero e della vita personale dei lavoratori. Costringendo i lavoratori a faticare per ore più lunghe, senza un aumento proporzionale dei loro salari, il capitalista aumenta la quantità di plusvalore estratto, gonfiando di conseguenza il tasso di plusvalore. Marx osserva acutamente che l'insaziabile sete di profitto del capitalista lo spinge a estendere la giornata lavorativa fino al suo limite massimo.

Tuttavia, il tasso di plusvalore non è influenzato solo dall'allungamento della giornata lavorativa. L'aumento della produttività del lavoro, attraverso l'implementazione di macchinari avanzati, tecnologie innovative e una divisione completa del lavoro, contribuisce all'aumento del plusvalore estratto entro un dato lasso di tempo. Questo aumento della produttività del lavoro, sfruttato dal capitalista, perpetua un tasso di plusvalore più elevato, poiché più plusvalore può essere accumulato in un lasso di tempo più breve.

Inoltre, il tasso di plusvalore è intrecciato con la composizione del capitale. Marx distingue tra capitale variabile, che è il capitale investito in salari per la forza lavoro dei lavoratori, e capitale costante, che si riferisce al capitale investito in mezzi di produzione, come macchinari e materie prime. Un aumento del rapporto tra capitale costante e capitale variabile porta a una diminuzione del tasso di plusvalore, poiché la quota di plusvalore estratto rispetto al capitale totale investito diminuisce.

Marx, tuttavia, sottolinea che il tasso di plusvalore non è una quantità fissa, ma è soggetto a fluttuazioni dettate da una pletora di fattori. Queste influenze includono la lotta incessante tra le classi, le normative legislative emanate per salvaguardare i diritti dei lavoratori e le maree imprevedibili delle condizioni economiche. È attraverso la resistenza organizzata, l'azione collettiva e lo spirito inflessibile della classe operaia che queste fluttuazioni possono essere sfidate. Promuovendo un fronte unito, i lavoratori possono contestare l'allungamento della giornata lavorativa e richiedere salari migliori, diminuendo di fatto il tasso di plusvalore e alleviando lo sfruttamento imposto loro.

Inoltre, Marx esplora la relazione tra il tasso di plusvalore e la composizione organica del capitale. La composizione organica si riferisce al rapporto tra capitale costante e capitale variabile all'interno di un dato settore o industria. Con l'avanzare della tecnologia e l'accumularsi del capitale, la composizione organica tende ad aumentare, portando a un declino relativo del tasso di plusvalore. Questo declino deriva dallo spostamento del lavoro umano da parte di macchinari avanzati, riducendo la proporzione relativa di lavoro in surplus.

La giornata lavorativa:

L'esplorazione della giornata lavorativa di Karl Marx si addentra ancora di più nelle dinamiche del lavoro, nell'estrazione del plusvalore e nelle conseguenze di vasta portata all'interno del sistema capitalista. Marx esamina meticolosamente i meccanismi con cui funziona la giornata lavorativa e ne analizza l'impatto sui lavoratori, sulla società e sull'economia.

Marx inizia riaffermando il ruolo fondamentale del lavoro come fonte di ogni ricchezza e valore. Tuttavia, evidenzia rapidamente la natura trasformativa della forza lavoro sotto il capitalismo, dove diventa una merce da acquistare e vendere. I lavoratori sono costretti a vendere la loro forza lavoro in cambio di un salario, determinato dalla classe capitalista in base alle esigenze dell'azienda e alle condizioni di mercato prevalenti.

La giornata lavorativa, secondo Marx, può essere suddivisa in due elementi distinti: lavoro necessario e plusvalore. Il lavoro necessario rappresenta il tempo richiesto ai lavoratori per produrre il valore equivalente della propria sussistenza, compresi i loro salari. Il plusvalore, d'altro canto, comprende il tempo aggiuntivo che i lavoratori impiegano per produrre merci oltre a quanto necessario per la loro sopravvivenza.

Spinti dalla loro incessante ricerca del profitto, i capitalisti mirano costantemente a massimizzare il surplus di lavoro ed estrarre plusvalore dai lavoratori. Impiegano varie strategie per estendere la giornata lavorativa, che vanno dalla riduzione del lavoro necessario attraverso i progressi tecnologici all'intensificazione del lavoro per aumentare la produttività. Questa spinta in continua espansione per più surplus di lavoro porta a una situazione peculiare in cui i capitalisti beneficiano del plusvalore generato dai lavoratori sfruttando contemporaneamente il loro lavoro.

L'estensione della giornata lavorativa comporta profonde conseguenze per la classe operaia. I lavoratori si ritrovano sottoposti a orari di lavoro sempre più ardui e lunghi, spesso in condizioni di lavoro deplorevoli. L'esaurimento fisico e mentale diventa un'esperienza comune, deteriorando il benessere generale dei lavoratori e compromettendo la loro capacità di prosperare oltre la mera sopravvivenza. L'assenza di tempo libero priva i lavoratori di opportunità di crescita personale, istruzione e impegno sociale, perpetuando ulteriormente la loro sottomissione alle richieste del capitale.

Marx sottolinea la natura insidiosa della giornata lavorativa estesa come forma di controllo sociale imposta dai capitalisti. Estendendo continuamente le ore di lavoro, i capitalisti limitano la capacità dei lavoratori di partecipare ad attività politiche e sociali, istituzionalizzando di fatto la loro subordinazione all'autorità della classe capitalista. Questo sistema di controllo sociale sostiene le dinamiche di potere esistenti che favoriscono intrinsecamente l'élite capitalista.

Sebbene esistano vincoli legali sulla durata della giornata lavorativa, Marx ne esamina criticamente l'efficacia. Svela le inadeguatezze e le vulnerabilità di tali regolamentazioni, che sono spesso manipolate e aggirate dai capitalisti attraverso scappatoie ed eccezioni. Di conseguenza, i lavoratori rimangono esposti a varie forme di sfruttamento, perpetuando la loro emarginazione e inibendo la loro capacità di migliorare le loro condizioni di lavoro e di vita.

Inoltre, Marx approfondisce le contraddizioni economiche derivanti dall'incessante estensione della giornata lavorativa. Inizialmente, le ore di lavoro prolungate possono comportare maggiori profitti per i capitalisti attraverso un'estrazione di plusvalore accresciuta. Tuttavia, questa traiettoria porta in ultima analisi alla sovrapproduzione e alle crisi di mercato. La classe operaia, gravata da orari prolungati e salari insufficienti, non può permettersi gli stessi beni che ha contribuito a produrre, soffocando così la domanda effettiva e generando instabilità economica.

Velocità e massa:

Il tasso di plusvalore è determinato dal rapporto tra plusvalore e lavoro necessario. Il plusvalore si riferisce alla porzione della giornata lavorativa in cui un lavoratore produce valore oltre a quanto richiesto per riprodurre la propria forza lavoro, mentre il lavoro necessario rappresenta il tempo necessario ai lavoratori per produrre l'equivalente del loro salario.

Marx spiega che il tasso di plusvalore può essere aumentato sia estendendo la durata della giornata lavorativa sia intensificando la produttività del lavoro durante la giornata lavorativa. I capitalisti hanno una spinta intrinseca ad aumentare il tasso di plusvalore poiché influisce direttamente sui loro profitti. Possono raggiungere questo obiettivo aumentando l'intensità del lavoro, implementando nuove tecnologie o imponendo orari di lavoro più lunghi. Tuttavia, la classe operaia resiste anche a queste misure, il che porta a lotte di classe.

Un aspetto importante che Marx evidenzia è la distinzione tra plusvalore assoluto e relativo. Il plusvalore assoluto è prodotto allungando la giornata lavorativa. Ciò può essere ottenuto attraverso misure legislative per rimuovere le restrizioni sulle ore di lavoro o attraverso l'imposizione di dure condizioni di lavoro che costringono i lavoratori a lavorare più ore. Allungando la giornata lavorativa, i capitalisti possono estrarre più lavoro in surplus e di conseguenza aumentare il tasso di plusvalore.

D'altro canto, il plusvalore relativo è prodotto aumentando la produttività del lavoro entro la stessa giornata lavorativa. I capitalisti ottengono questo risultato introducendo nuovi macchinari, implementando progressi tecnologici e migliorando l'organizzazione e la gestione dei processi lavorativi. Aumentando la produttività di ogni lavoratore, i capitalisti possono estrarre più valore nello stesso lasso di tempo, portando a un aumento del tasso di plusvalore.

Inoltre, Marx sottolinea che il tasso di plusvalore può anche essere aumentato attraverso la riduzione dei salari al di sotto del valore della forza lavoro. Ciò avviene quando i capitalisti pagano i lavoratori meno del valore dei loro bisogni essenziali e della riproduzione della loro forza lavoro. La differenza tra il valore della forza lavoro e i salari effettivi è un'altra fonte di plusvalore.

Espandendo l'intensificazione del lavoro, Marx esamina ulteriormente come i capitalisti estraggono il plusvalore attraverso l'imposizione di un controllo rigoroso sul processo lavorativo. Questo controllo consente ai capitalisti di aumentare l'efficienza e la produttività riducendo al minimo i costi del lavoro. Attraverso tecniche come il taylorismo e la gestione scientifica, i capitalisti esercitano un livello di autorità non solo sulla durata ma anche sull'organizzazione e sul ritmo del lavoro. I lavoratori, quindi, diventano semplici appendici della macchina, con i loro movimenti regolati e frammentati per massimizzare la produzione.

Inoltre, Marx sottolinea che il tasso di plusvalore può essere aumentato riducendo il tempo di lavoro necessario. Ciò può essere ottenuto attraverso progressi tecnologici che migliorano la produzione e macchinari che risparmiano manodopera, richiedendo così meno manodopera per lo stesso output. Mentre questo può sembrare vantaggioso per i lavoratori in termini di riduzione del lavoro, alla fine porta a un aumento della disoccupazione, alla stagnazione salariale e a una maggiore competizione all'interno della forza lavoro.

Oltre al tasso di plusvalore, Marx si addentra anche nella massa di plusvalore. La massa di plusvalore si riferisce al plusvalore totale prodotto in un dato periodo. È determinata dal numero di lavoratori impiegati, dal tasso di plusvalore e dalla durata della giornata lavorativa.

Marx sottolinea che la massa del plusvalore può essere aumentata impiegando più lavoratori. Tuttavia, questo deve essere accompagnato da un corrispondente aumento del tempo di lavoro necessario poiché un numero maggiore di lavoratori richiede più lavoro per riprodurre la propria forza lavoro.

Inoltre, Marx sottolinea che la massa del plusvalore dipende dalla dimensione assoluta della classe operaia. Una classe operaia più numerosa significa più plusvalore, che si traduce in più plusvalore per la classe capitalista. I capitalisti hanno un interesse personale nel mantenere un'ampia riserva di plusvalore, poiché mantiene bassi i salari e garantisce una fornitura costante di lavoratori vulnerabili allo sfruttamento.

Inoltre, Marx esplora l'impatto del progresso tecnico sulla massa del plusvalore. I progressi tecnologici possono portare allo spostamento dei lavoratori dalle industrie tradizionali a nuovi settori, causando interruzioni nel mercato del lavoro e potenzialmente diminuendo la massa del plusvalore se non accompagnati da un'espansione della forza lavoro.

Un aspetto critico che Marx esamina è il ruolo dell'accumulazione di capitale nel determinare il tasso e la massa del plusvalore. Man mano che i capitalisti accumulano più capitale, investono in ulteriori progressi tecnologici e macchinari che risparmiano manodopera. Ciò porta a un tasso di plusvalore più elevato a causa dell'aumento della produttività, ma può anche comportare una riduzione della massa del plusvalore tramite lo spostamento dei lavoratori e la creazione di disoccupazione.

I cambiamenti nel tasso di plusvalore possono avere un impatto sulla dimensione della classe operaia, e i cambiamenti nella dimensione della classe operaia possono influenzare il tasso di plusvalore. Questa interazione dinamica rivela le complessità implicite nel modo di produzione capitalista e la continua lotta tra capitalisti e lavoratori per il controllo del plusvalore.

Plusvalore relativo:

Il tasso di plusvalore è determinato dal rapporto tra plusvalore e lavoro necessario. Il plusvalore si riferisce alla porzione della giornata lavorativa in cui un lavoratore produce valore oltre a quanto richiesto per riprodurre la propria forza lavoro, mentre il lavoro necessario rappresenta il tempo necessario ai lavoratori per produrre l'equivalente del loro salario.

Il plusvalore relativo, a differenza del plusvalore assoluto, implica l'aumento del plusvalore ottenuto prolungando la giornata lavorativa o aumentando la produttività del lavoro.

Per iniziare, Marx approfondisce ulteriormente la comprensione richiesta per comprendere il plusvalore relativo, esponendo la determinazione del valore della forza-lavoro. Come spiegato in precedenza, il valore della forza-lavoro è determinato dal tempo di lavoro socialmente necessario richiesto per produrre i mezzi di sussistenza cruciali per la sopravvivenza e la riproduzione del lavoratore, che comprendono cibo, vestiario, riparo e altri beni necessari. Di conseguenza, il valore della forza-lavoro è derivato dalla quantità di tempo di lavoro socialmente necessario coinvolto nella produzione di queste merci.

Tuttavia, i capitalisti cercano di estrarre plusvalore oltre quanto necessario per la riproduzione della forza lavoro. La loro incessante ricerca del plusvalore massimizzato innesca l'intensificazione del lavoro e l'allungamento della giornata lavorativa. Tuttavia, per ottenere un plusvalore relativo, i capitalisti devono andare oltre i semplici aumenti della durata della giornata lavorativa; devono anche aumentare la produttività del lavoro.

Marx approfondisce i meccanismi con cui i capitalisti ottengono questo aumento della produttività del lavoro. Un metodo cruciale è attraverso l'introduzione di nuovi macchinari e tecnologie. L'uso di macchinari non solo sposta i lavoratori da determinati compiti, ma accelera anche notevolmente il ritmo della produzione. Questa meccanizzazione consente ai capitalisti di estrarre una maggiore quantità di lavoro in eccesso dai lavoratori nello stesso periodo, amplificando di fatto il loro plusvalore.

Inoltre, Marx sottolinea l'importanza delle divisioni specializzate del lavoro nella generazione di plusvalore relativo. Con la divisione del lavoro, i lavoratori diventano più specializzati nei loro compiti, portando a una maggiore efficienza e produttività. Questo lavoro specializzato, combinato con l'uso ottimale della tecnologia e dei macchinari, consente ai capitalisti di intensificare l'estrazione di plusvalore dalla classe operaia, aumentando ulteriormente il loro plusvalore.

Marx si rivolge a vari settori industriali per illustrare l'operazione di estrazione del plusvalore relativo. Prendiamo l'esempio dell'industria del cotone, dove l'introduzione di macchinari, come la filatrice jenny, e il miglioramento delle tecniche di filatura aumentano significativamente la produttività. Questo aumento sostanziale della produttività porta a tassi di produzione più elevati, con conseguente aumento proporzionale del plusvalore per il capitalista.

Affrontando l'impatto della meccanizzazione e dell'automazione sulla classe operaia, Marx riconosce che questi progressi tecnologici possono portare a perdite di posti di lavoro in settori specifici. Tuttavia, sottolinea che mentre questo spostamento di lavoratori è una conseguenza sfortunata del progresso capitalista, contribuisce in ultima analisi alla produttività complessiva del lavoro. Lo spostamento consolida il capitale nelle mani di un minor numero di capitalisti, perpetuando la proletarizzazione della classe operaia e intensificando lo sfruttamento.

Cooperazione:

La cooperazione, al suo centro, è l'amalgama e l'armonizzazione di vari lavoratori, ognuno dei quali contribuisce con competenze e sforzi specializzati all'interno di un processo di produzione più ampio. Organizzando e coordinando i loro sforzi, i lavoratori possono portare a termine compiti complessi in modo più efficace e rapido rispetto a quanto farebbero se lavorassero individualmente.

Lo sviluppo e l'implementazione della cooperazione all'interno della produzione capitalista comportano conseguenze multiformi. In primo luogo, questa modalità di organizzazione del lavoro consente ai capitalisti di esercitare un maggiore controllo e direzione sul processo lavorativo. L'aumentato coordinamento tra i lavoratori attraverso la cooperazione consente ai capitalisti di dividere con precisione il lavoro, assegnando compiti specifici a diversi individui in base alle loro capacità. Questa divisione facilita un'ulteriore specializzazione e l'ottimizzazione della produzione.

La divisione del lavoro, resa più efficiente dalla cooperazione, ha implicazioni più ampie per la società capitalista. Man mano che i lavoratori si specializzano nei loro compiti, le loro competenze si concentrano in aree specifiche, contribuendo così al progresso generale e allo sviluppo della tecnologia all'interno della società. La spinta costante verso una produttività e un'efficienza migliorate porta all'invenzione e al perfezionamento di macchinari e tecnologie, alimentando la crescita economica e il progresso sociale.

In secondo luogo, la cooperazione intensifica invariabilmente il lavoro. Man mano che i lavoratori diventano interdipendenti, facendo affidamento sui contributi reciproci per il completamento con successo di un compito, emerge una pressione maggiore per lavorare in modo rapido ed efficiente. I capitalisti sfruttano questa pressione aumentata per estrarre più plusvalore dai lavoratori, spingendo la loro produttività oltre le loro capacità individuali e, di conseguenza, massimizzando i profitti.

Oltre al mero sfruttamento, la cooperazione trasforma anche le dinamiche sociali all'interno del posto di lavoro. Quando i lavoratori si impegnano nel lavoro cooperativo, sviluppano relazioni, dipendenze e interconnessioni che vanno oltre i loro ruoli individuali. Questa interdipendenza promuove un senso di solidarietà e un orientamento condiviso agli obiettivi tra i lavoratori, portando a un'identità collettiva che emerge dal processo cooperativo. La produzione capitalista contribuisce inconsapevolmente al risveglio collettivo dei lavoratori ai loro interessi condivisi e alle ingiustizie sistematiche che affrontano.

Inoltre, l'avvento della cooperazione fa progredire lo sviluppo di macchinari e tecnologie. Man mano che il processo di produzione diventa più ampio e i compiti diventano più specializzati, sorge una crescente necessità di macchinari per aiutare a completare particolari fasi di produzione. L'introduzione di macchinari non solo aumenta l'efficienza, ma intensifica simultaneamente la divisione del lavoro, portando a un maggiore sfruttamento dei lavoratori. L'integrazione dei macchinari diventa una caratteristica centrale all'interno di questo processo, poiché amplifica la produttività e al contempo sostituisce determinati compiti che in precedenza dipendevano dal lavoro manuale.

Sebbene la cooperazione possa sembrare uno strumento di dominio capitalista, essa getta anche le basi per una potenziale resistenza dei lavoratori. Quando i lavoratori si uniscono e si impegnano in un lavoro cooperativo, le loro esperienze condivise, la solidarietà e gli interessi comuni diventano particolarmente evidenti. Questa consapevolezza della loro difficile situazione collettiva ha storicamente dato origine alla formazione di sindacati e altre organizzazioni di lavoratori volte a migliorare le condizioni di lavoro, garantire salari equi e proteggere i diritti dei lavoratori.

Attraverso la cooperazione, i lavoratori acquisiscono una piattaforma per esprimere le proprie lamentele e sostenere i cambiamenti sul posto di lavoro. Organizzandosi collettivamente, i lavoratori possono negoziare con i capitalisti per salari migliori, condizioni di lavoro più sicure e una distribuzione più equa della ricchezza che contribuiscono a creare. Questa resistenza organizzata e la ricerca dei diritti dei lavoratori sfidano le strutture di potere dominanti all'interno del capitalismo, offrendo al contempo uno scorcio del potenziale per una società più giusta ed equa.

In definitiva, la cooperazione, mentre serve gli interessi del capitale, getta simultaneamente le basi per una potenziale resistenza dei lavoratori e per la progressione di un proletariato cosciente di classe. Lo sfruttamento intensificato risultante dalla cooperazione può creare le condizioni necessarie affinché i lavoratori riconoscano la loro lotta condivisa e alla fine mettano in discussione le fondamenta stesse del sistema capitalista.

Divisione Lavoro e Manifattura:

La divisione del lavoro è un concetto fondamentale nel modo di produzione capitalista. Si riferisce alla suddivisione del processo di produzione in compiti separati, ciascuno assegnato a diversi individui o gruppi di lavoratori. Questa divisione consente la specializzazione, poiché i lavoratori diventano altamente competenti nei loro compiti specifici, portando a una maggiore produttività ed efficienza.

Tuttavia, la divisione del lavoro a cui assistiamo sotto il capitalismo non è un evento naturale. È il risultato dello sviluppo storico e delle condizioni specifiche della produzione capitalista. Karl Marx sostiene che la divisione del lavoro sotto il capitalismo porta all'alienazione dei lavoratori dal loro lavoro e dai prodotti che creano.

Nelle prime fasi della produzione capitalista, la divisione del lavoro è limitata e basata principalmente su compiti semplici. I lavoratori si specializzano in compiti specifici come la tessitura, la forgiatura o la fabbricazione di scarpe. Questa divisione consente loro di sviluppare le proprie competenze in un'area specifica e di diventare altamente efficienti in essa. Porta anche allo sviluppo di strumenti e tecniche che migliorano ulteriormente la loro produttività.

Nel tempo, con l'avanzare della tecnologia e l'aumento della scala di produzione, emerge una forma più avanzata di divisione del lavoro: la manifattura. La manifattura implica la combinazione organizzata di diverse attività specializzate in un processo di produzione coerente. Implica il coordinamento di vari lavoratori qualificati e l'uso di macchinari per aumentare la produttività. Marx sottolinea che la manifattura si basa ancora sulla forza lavoro dei singoli lavoratori piuttosto che sull'uso di macchinari completamente automatizzati.

La caratteristica centrale della produzione è il controllo e l'organizzazione del lavoro da parte del capitalista. Il capitalista diventa il direttore del processo di produzione, coordinando e supervisionando le attività dei lavoratori. Questa centralizzazione del controllo consente un maggiore sfruttamento dei lavoratori, poiché sono sottoposti a una rigida disciplina e sottoposti a un lavoro intensificato. Il capitalista determina il ritmo del lavoro e si sforza di estrarre la massima produzione da ciascun lavoratore.

Nella produzione, il lavoratore è ridotto a una mera appendice della macchina. Le sue capacità individuali vengono sostituite dal processo meccanico e i suoi movimenti vengono ridotti a compiti ripetitivi e monotoni. Questa monotonia porta alla degradazione del lavoratore, sia fisicamente che mentalmente, poiché il suo lavoro diventa privo di creatività e scopo. Il lavoratore si aliena dal prodotto che crea, poiché non riflette più il suo contributo personale ma è piuttosto un frammento del lavoro collettivo che va nella sua produzione.

Inoltre, la divisione del lavoro nella produzione porta alla separazione del lavoro mentale e manuale. Il capitalista assume l'aspetto intellettuale della produzione, mentre il lavoratore è limitato all'esecuzione dei compiti assegnatigli. Questa divisione crea una relazione gerarchica, in cui il capitalista detiene tutto il potere decisionale, mentre il lavoratore è ridotto a un mero strumento di produzione. L'autonomia e l'agenzia del lavoratore sono minate, poiché vengono spogliati di qualsiasi controllo significativo sul loro lavoro.

Marx sostiene che la divisione del lavoro e l'organizzazione della produzione servono a perpetuare lo sfruttamento della classe operaia. Il capitalista, attraverso il suo controllo sul processo di produzione, si appropria del plusvalore creato dai lavoratori. La divisione del lavoro consente una maggiore estrazione di plusvalore, poiché il capitalista può manipolare e intensificare il lavoro dei lavoratori. I lavoratori, a loro volta, si ritrovano con solo una frazione del valore che producono, mentre la maggior parte viene sottratta come profitto per la classe capitalista.

L'alienazione e lo sfruttamento vissuti dai lavoratori sotto la divisione del lavoro e la produzione sono profondamente radicati nel sistema capitalista. La ricerca del profitto da parte del capitalista e la spinta incessante ad aumentare la produttività rimodellano continuamente la divisione del lavoro, spingendo i lavoratori verso una maggiore specializzazione e livelli di lavoro più disumanizzanti. L'individualità e la creatività del lavoratore vengono messe da parte, poiché sono ridotte a componenti intercambiabili nella macchina capitalista.

Tuttavia, è fondamentale notare che la divisione del lavoro non è sempre stata vista attraverso una lente negativa. Da un punto di vista economico, la divisione del lavoro è stata considerata una fonte sostanziale di maggiore produttività e accumulo di ricchezza. Consente l'utilizzo di competenze e competenze individuali, portando a una maggiore efficienza nella produzione. La specializzazione ottenuta attraverso la divisione del lavoro consente ai lavoratori di concentrarsi su compiti specifici, riducendo il tempo e lo sforzo richiesti per apprendere varie competenze.

Inoltre, la divisione del lavoro facilita anche i progressi tecnologici e l'innovazione. Scomponendo compiti complessi in componenti più gestibili, diventa possibile studiare e perfezionare compiti individuali, portando a miglioramenti nelle tecniche, negli strumenti e nei macchinari. Questa progressione costante della tecnologia, guidata dalla divisione del lavoro, consente alle industrie di diventare più efficienti e di produrre una maggiore quantità di beni, fornendo così benefici materiali alla società in generale.

Tuttavia, la critica di Marx alla divisione del lavoro nel capitalismo sfida queste interpretazioni positive. Egli sostiene che la divisione del lavoro, quando portata all'estremo sotto il capitalismo, porta all'alienazione e allo sfruttamento dei lavoratori. Man mano che la divisione del lavoro diventa più specializzata, i lavoratori perdono la loro connessione con il più ampio processo di produzione. Si disconnettono dal prodotto finale che creano e si allontanano ulteriormente dal valore che producono.

La divisione del lavoro nella produzione esacerba questa alienazione. L'individualità e la creatività dei lavoratori sono soffocate poiché sono costretti a svolgere compiti ripetitivi dettati dal capitalista. L'intensa disciplina imposta dal capitalista assicura la massima produttività e profitto, ma a scapito del benessere fisico e mentale del lavoratore. La divisione del lavoro, unita alla concentrazione del potere nelle mani del capitalista, perpetua un sistema di sfruttamento in cui i lavoratori sono trattati come meri strumenti di produzione, il loro lavoro mercificato per generare plusvalore.

Inoltre, la divisione del lavoro rappresenta una minaccia per la sicurezza del posto di lavoro dei lavoratori. La specializzazione può offrire benefici immediati in termini di produttività ed efficienza, ma rende anche i lavoratori vulnerabili alle interruzioni del mercato del lavoro. Se un compito specializzato diventa obsoleto o viene sostituito da progressi tecnologici, i lavoratori che possiedono solo quella competenza potrebbero ritrovarsi senza impiego o affrontare notevoli difficoltà nel passaggio a un altro lavoro. La divisione del lavoro, senza adeguate garanzie, può aumentare le disuguaglianze socioeconomiche poiché i lavoratori vulnerabili sopportano il peso di queste interruzioni del mercato.

È in questo contesto che la critica di Marx alla divisione del lavoro e all'organizzazione della produzione dovrebbe spingerci a riflettere criticamente sull'impatto di questi processi nelle società capitaliste odierne. Pur riconoscendo i potenziali benefici economici, dobbiamo anche considerare le conseguenze umane. In che modo questi sistemi di lavoro plasmano la nostra identità e il nostro benessere collettivi? Come possiamo bilanciare la necessità di efficienza con la preservazione della dignità e dell'autonomia dei lavoratori? Queste domande ci costringono a riesaminare il ruolo della divisione del lavoro nelle società capitaliste contemporanee e ci sfidano a impegnarci per un sistema economico più giusto ed equo che dia priorità al benessere e alla realizzazione di tutti gli individui coinvolti nel processo di produzione.

Macchinari e industria moderna:

Nel "Capitale", Marx evidenzia come le macchine rivoluzionino il processo di produzione e apportino cambiamenti significativi nella struttura della società.

L'autore inizia sottolineando che la macchina non è semplicemente uno strumento, ma un sistema complesso che comprende vari componenti meccanici e intellettuali. È l'incarnazione della creatività umana e dell'ingegno tecnico. La macchina, secondo Marx, incarna il potere degli esseri umani di trasformare la natura e liberarsi dai limiti del lavoro manuale.

L'uso dei macchinari, sostiene Marx, intensifica la produttività del lavoro a livelli prima inimmaginabili. Aumenta l'efficienza e la velocità della produzione, portando alla produzione di massa di merci. Rivoluzionando il modo di produzione, i macchinari diventano la forza trainante dietro l'accumulazione di capitale.

L'introduzione dei macchinari, tuttavia, genera anche una serie di contraddizioni all'interno del sistema capitalista. Una di queste contraddizioni risiede nell'impatto dei macchinari sulla classe operaia. Mentre i macchinari consentono una maggiore produzione ed efficienza, portano simultaneamente allo spostamento dei lavoratori. L'automazione attraverso i macchinari comporta la sostituzione della manodopera qualificata con lavoratori non qualificati o semi-qualificati che possono azionare le macchine. Ciò crea un esercito di riserva di manodopera a cui il capitale può attingere ogni volta che è necessario, portando a una maggiore competizione tra i lavoratori e di conseguenza abbassando i salari. Marx si riferisce a questo processo come "degrado del lavoro".

Inoltre, Marx sostiene che l'introduzione dei macchinari crea una divisione tra i capitalisti che possiedono e controllano i mezzi di produzione e il proletariato che è ridotto a vendere la propria manodopera. Mentre i capitalisti raccolgono i benefici dell'aumento di produttività apportato dai macchinari, i lavoratori sono lasciati a lottare per assicurarsi un impiego e mantenere salari dignitosi. Ciò esacerba la disuguaglianza sociale insita nel sistema capitalista e perpetua lo sfruttamento del lavoro.

Marx esamina anche la concentrazione del capitale attraverso l'uso di macchinari. Man mano che le imprese capitaliste adottano macchinari più avanzati per aumentare la produttività, i capitalisti più piccoli trovano sempre più difficile competere. Ciò porta alla loro uscita forzata dal mercato, con conseguente concentrazione del capitale nelle mani di pochi capitalisti dominanti. Questa concentrazione intensifica ulteriormente le dinamiche di potere all'interno del sistema capitalista e consolida la perpetuazione dello sfruttamento.

Inoltre, Marx esplora l'impatto dei macchinari sulla società nel suo complesso. Sostiene che i macchinari introducono quella che lui definisce "l'anarchia del processo di produzione capitalista". Questa anarchia nasce dalla spinta costante all'innovazione e dalla necessità di rimanere in vantaggio nel mercato competitivo. I capitalisti sono costretti a implementare nuovi macchinari per mantenere la redditività, indipendentemente dalle sue conseguenze sociali. Questa ricerca senza fine del progresso tecnologico non solo perpetua il degrado del lavoro, ma crea anche un sistema socioeconomico caratterizzato da instabilità, imprevedibilità e alienazione.

Inoltre, Marx approfondisce gli effetti alienanti dei macchinari sui lavoratori. Sostiene che, man mano che le macchine diventano gli agenti primari della produzione, gli esseri umani vengono ridotti a semplici appendici dei macchinari. Le loro competenze e creatività diminuiscono e sono sottoposti a un lavoro monotono e ripetitivo. Questa alienazione dal loro lavoro e dai prodotti che creano approfondisce l'estraniazione tra i lavoratori e il loro lavoro, con conseguente senso di impotenza e disconnessione.

Nel contesto dei macchinari, Marx tocca il concetto di plusvalore. Spiega che l'aumento di produttività determinato dai macchinari porta a un aumento del plusvalore estratto dai lavoratori. Questo plusvalore, che rappresenta la differenza tra il valore della forza lavoro e il valore prodotto dal lavoratore, è la fonte del profitto capitalista. I macchinari non solo intensificano l'accumulazione di capitale, ma approfondiscono anche lo sfruttamento del lavoro, poiché i lavoratori sono costretti a produrre più valore con meno tempo e sforzo.

Plusvalore assoluto e relativo:

Il plusvalore, come affermato, è la base della produzione capitalista e la fonte del profitto. Si riferisce al surplus di lavoro che i lavoratori svolgono oltre quanto necessario per riprodurre la propria forza lavoro e sostenere i propri mezzi di sostentamento.

Secondo Marx, la forma del plusvalore assoluto è generata aumentando la durata della giornata lavorativa. Estendendo le ore di lavoro oltre quanto necessario per la sussistenza dei lavoratori, i capitalisti possono estrarre valore aggiuntivo dal lavoro dei lavoratori. Esempi storici, come la legislazione sulle fabbriche in Inghilterra che limitava la giornata lavorativa, sono citati per illustrare la lotta tra capitale e lavoro sulla durata della giornata lavorativa.

Tuttavia, Marx riconosce che l'estensione del plusvalore assoluto non è illimitata. Ci sono limiti fisici e sociali all'espansione della giornata lavorativa. I lavoratori non possono faticare all'infinito senza riposo o tempo libero, e anche fattori sociali e politici plasmano la regolamentazione dell'orario di lavoro. Man mano che la classe operaia diventa più organizzata e consapevole del suo sfruttamento, cerca di garantire orari di lavoro più brevi per migliorare le condizioni di vita e proteggere la salute e il benessere dei lavoratori.

Oltre ai limiti del plusvalore assoluto, Marx identifica l'emergere del plusvalore relativo. Il plusvalore relativo è generato attraverso l'intensificazione della produttività del lavoro. Marx sostiene che la chiave per aumentare il plusvalore relativo risiede nello sviluppo della tecnologia e dei macchinari, nonché nell'organizzazione dei processi lavorativi. Introducendo macchinari che risparmiano lavoro e migliorando la divisione e il coordinamento del lavoro, il capitale riduce il tempo di lavoro necessario per la produzione di merci.

La riduzione del tempo di lavoro necessario consente ai capitalisti di appropriarsi di una porzione maggiore della giornata lavorativa totale come surplus di lavoro. I lavoratori sono costretti a produrre di più in meno tempo, con conseguente aumento della produttività e estrazione di plusvalore. Questa dipendenza dai progressi tecnologici e dalla costante rivoluzione dei processi di produzione caratterizza l'essenza del capitalismo.

Marx esplora ulteriormente lo sviluppo storico del plusvalore relativo e il suo impatto sulla produzione capitalista. Analizza le trasformazioni apportate dalla Rivoluzione industriale, che ha segnato una svolta nell'intensificazione della produttività del lavoro. L'introduzione di macchinari e progressi tecnologici ha rivoluzionato i processi di produzione, consentendo ai capitalisti di sfruttare maggiormente il lavoro e le competenze dei lavoratori.

Tuttavia, Marx evidenzia le contraddizioni insite nella ricerca del plusvalore relativo. Da un lato, l'intensificazione della produttività del lavoro porta a un maggiore sfruttamento dei lavoratori, poiché sono costretti a produrre di più in meno tempo. I lavoratori sperimentano livelli elevati di stress, esaurimento e alienazione mentre affrontano le pressioni del lavoro intensificato e la svalutazione delle loro competenze. D'altro canto, questa ricerca guida i progressi tecnologici e la crescita delle forze produttive, migliorando il potenziale umano e creando le condizioni materiali per una forma di società superiore al capitalismo.

Marx sottolinea che il modo di produzione capitalista spinge intrinsecamente alla ricerca perpetua di nuovi modi per aumentare il plusvalore. La costante rivoluzione dei processi di produzione diventa cruciale per l'accumulazione di capitale in quanto consente l'estrazione di quantità sempre maggiori di plusvalore. La natura competitiva del capitalismo, combinata con la spinta al profitto, costringe i capitalisti a introdurre continuamente innovazioni tecnologiche e metodi per ridurre il tempo di lavoro necessario ed espandere il plusvalore relativo.

Tuttavia, Marx mette in guardia dal considerare il plusvalore relativo come un processo armonioso e senza soluzione di continuità. La crescita del plusvalore relativo e la svalutazione del lavoro vivo riducono i lavoratori a semplici appendici dei macchinari che azionano. I lavoratori sono sempre più atomizzati, alienati dai prodotti del loro lavoro e mercificati come semplice forza lavoro. Questa alienazione si manifesta non solo nel regno economico, ma permea anche la vita sociale e psicologica dei lavoratori, esacerbando ulteriormente le contraddizioni del capitalismo.

La ricerca incessante del profitto costringe i capitalisti a cercare costantemente modi per aumentare la produttività, portando a una continua rivoluzione dei processi di produzione. Tuttavia, Marx mette in guardia dalle contraddizioni e dai conflitti intrinseci che nascono da questo processo, mentre lo sfruttamento del lavoro si intensifica e i lavoratori lottano per i loro diritti e la loro dignità di fronte all'incessante ricerca del plusvalore da parte del capitale.

Variazioni del prezzo della forza-lavoro e del plusvalore:

Come può cambiare nel tempo il prezzo della forza lavoro e del plusvalore? Innanzitutto, Marx ribadisce che il valore della forza lavoro è determinato dal tempo di lavoro socialmente necessario richiesto per la sua produzione, che comprende il tempo e le risorse necessarie per riprodurre la capacità lavorativa del lavoratore. Tuttavia, sottolinea che il valore della forza lavoro non è statico; può fluttuare a causa di vari fattori influenti.

Un fattore che influenza il valore della forza lavoro sono le variazioni del costo della vita. Le fluttuazioni nei prezzi delle materie prime necessarie alla sussistenza del lavoratore possono avere un impatto diretto sul valore della forza lavoro. Ad esempio, se i prezzi di beni e servizi essenziali come cibo, alloggio e assistenza sanitaria aumentano, i lavoratori richiederanno salari più alti per sostenere il loro tenore di vita. Al contrario, se il costo della vita diminuisce, potrebbe diminuire anche il valore della forza lavoro.

Tuttavia, Marx approfondisce ulteriormente spiegando le implicazioni più ampie di questi cambiamenti nel costo della vita sul mercato del lavoro. Evidenzia che queste fluttuazioni possono dare origine a lotte tra lavoratori e capitalisti per aumenti o riduzioni salariali. A seconda dell'equilibrio di potere tra le due classi, questi conflitti possono portare a un aumento riuscito dei salari per mantenere o migliorare gli standard di vita o a una pressione al ribasso sui salari, che porta a un calo del valore della forza lavoro.

Marx esplora anche l'influenza dei fattori demografici sul prezzo della forza lavoro. I cambiamenti nelle dimensioni della popolazione, nella mobilità geografica e nell'offerta di lavoratori possono avere un impatto sul valore della forza lavoro. Nei mercati del lavoro relativamente scarsi, come durante i momenti di rapida espansione industriale o quando la manodopera qualificata è molto richiesta, i lavoratori tendono ad avere un maggiore potere contrattuale. Questo maggiore potere contrattuale può portare ad aumenti salariali, elevando successivamente il valore della forza lavoro. Al contrario, durante i periodi di surplus di manodopera, come le crisi economiche o quando i progressi tecnologici portano allo spostamento della manodopera, i lavoratori affrontano una concorrenza più intensa, con conseguente diminuzione dei salari e del valore della forza lavoro.

Passando al plusvalore, Marx sottolinea che la sua entità è subordinata alla differenza tra il valore prodotto dal lavoratore e il valore della forza-lavoro. Se il valore prodotto supera il valore della forza-lavoro, si crea plusvalore. Tuttavia, l'entità del plusvalore non è fissa e può subire cambiamenti significativi.

Per approfondire ulteriormente la complessità del plusvalore, Marx esamina il ruolo del progresso tecnico e delle tecnologie che fanno risparmiare manodopera. I progressi tecnologici, come l'introduzione di macchinari o l'innovazione nei metodi di produzione, possono aumentare la produttività e modificare la composizione del valore del capitale. Mentre questi progressi possono ridurre il tempo di lavoro socialmente necessario richiesto per la produzione, determinano anche lo spostamento del lavoro e cambiamenti nell'organizzazione delle industrie.

Marx sostiene che l'introduzione di tecnologie che risparmiano manodopera può comportare una diminuzione temporanea del valore della forza lavoro. Man mano che i lavoratori vengono sostituiti e aumenta l'offerta di manodopera, la competizione tra i lavoratori si intensifica, portando a salari più bassi e alla svalutazione della loro forza lavoro. Tuttavia, man mano che la classe capitalista raccoglie i benefici dell'aumento della produttività e della riduzione dei costi del lavoro, aumenta anche il plusvalore complessivo estratto. I capitalisti possono quindi reinvestire questo plusvalore in ulteriori progressi tecnologici e accumulazione di capitale, perpetuando il ciclo di sfruttamento e antagonismi di classe.

Inoltre, i cambiamenti nell'organizzazione e nello sviluppo delle industrie, così come la competizione tra capitalisti, possono influenzare significativamente l'entità del plusvalore. I capitalisti si sforzano di ridurre i costi e aumentare i profitti investendo in tecnologie più recenti, macchinari innovativi e metodi di produzione più efficienti. Questi progressi possono portare a riduzioni nei requisiti di manodopera, alterazioni nella composizione del capitale e cambiamenti nella composizione organica del capitale. Di conseguenza, l'allocazione del lavoro all'interno del sistema capitalista subisce trasformazioni, che hanno un impatto sull'entità del plusvalore estratto.

Marx sottolinea anche il ruolo del colonialismo e dell'imperialismo nel plasmare l'entità del plusvalore. Lo sfruttamento delle regioni colonizzate e delle loro risorse ha permesso ai capitalisti nei paesi colonizzatori di accedere a materie prime e manodopera a basso costo, aumentando i loro profitti. L'estrazione del plusvalore dalle colonie, spesso attraverso mezzi violenti, ha svolto un ruolo significativo nell'accumulazione di capitale e nell'espansione del sistema capitalista. Questo processo ha ampliato il divario tra le regioni sviluppate e sottosviluppate del mondo, perpetuando le disuguaglianze economiche ed esacerbando le contraddizioni di classe su scala globale.

È fondamentale riconoscere che questi cambiamenti nel prezzo della forza lavoro e nell'entità del plusvalore non sono arbitrari o accidentali, ma sono inerenti al modo di produzione capitalista. I capitalisti, spinti dalla ricerca del profitto, si impegnano nello sfruttamento del lavoro come mezzo per l'accumulazione di capitale. Questo sfruttamento si manifesta attraverso la manipolazione del prezzo della forza lavoro e l'estrazione del plusvalore dai lavoratori.

Formule del tasso di plusvalore:

Il tasso di plusvalore è determinato dividendo il plusvalore per il capitale variabile, che rappresenta i salari pagati ai lavoratori. La formula può essere espressa come:

Saggio di plusvalore = Plusvalore / Capitale variabile.

Questa formula ci aiuta a comprendere quanto efficacemente le aziende capitaliste estraggano plusvalore dalla forza lavoro. Rivela il meccanismo fondamentale attraverso cui i capitalisti accumulano ricchezza sfruttando il lavoro dei lavoratori. Aumentando il tasso di plusvalore, i capitalisti possono aumentare i loro profitti, accumulando più capitale da reinvestire, espandere le loro imprese e intensificare ulteriormente lo sfruttamento del lavoro.

Tuttavia, il calcolo del tasso di plusvalore non è così semplice come potrebbe sembrare. Marx approfondisce diverse complessità e sfumature che entrano in gioco quando si esamina il tasso di plusvalore da varie angolazioni.

Marx spiega che il tasso di plusvalore può anche essere espresso in termini di valore della forza-lavoro. La forza-lavoro si riferisce alla capacità del lavoratore di lavorare e creare valore. Secondo Marx, il valore della forza-lavoro può essere rappresentato dal capitale variabile. Pertanto, il tasso di plusvalore può essere scritto come:

Saggio del plusvalore = Plusvalore / Valore della forza-lavoro.

Questa prospettiva evidenzia la contraddizione essenziale all'interno del modo di produzione capitalista. Poiché i capitalisti mirano ad aumentare i loro profitti, si sforzano di abbassare il valore della forza lavoro, ovvero i salari, aumentando così il tasso di plusvalore. Sopprimendo i salari ed estraendo un plusvalore più elevato dai lavoratori, i capitalisti possono accumulare maggiore ricchezza. Tuttavia, questa strategia trascura il fatto che i lavoratori, in quanto consumatori, costituiscono un mercato importante per i beni capitalistici. I bassi salari limitano il potere d'acquisto dei lavoratori, portando potenzialmente a crisi di sovrapproduzione e a una diminuzione della redditività.

La relazione dinamica tra capitale e lavoro diventa ancora più sfumata se consideriamo il tasso di sfruttamento. Il tasso di sfruttamento si riferisce al rapporto tra plusvalore e valore totale prodotto. Fornisce una misura del grado di sfruttamento sperimentato dal lavoratore. La formula per il tasso di sfruttamento può essere espressa come:

Tasso di sfruttamento = Plusvalore / Valore totale

La comprensione del tasso di sfruttamento accresce la nostra comprensione delle dinamiche di potere irregolari tra la classe capitalista e la classe operaia. I capitalisti mirano a massimizzare il plusvalore e, di conseguenza, il tasso di sfruttamento, intensificando il lavoro, aumentando la produttività e riducendo i costi ovunque possibile. Questo sfruttamento del lavoro funge da fondamento per l'accumulazione di ricchezza nel sistema capitalista.

Marx sostiene che il tasso di sfruttamento riflette anche l'intensità e la durata del lavoro. Se il lavoratore è in grado di produrre un plusvalore maggiore in un dato periodo di tempo, ciò indica un tasso di sfruttamento più elevato. Ciò evidenzia il ruolo critico della produttività e dei progressi tecnologici nel plasmare la relazione dinamica tra capitale e lavoro. Tuttavia, dobbiamo essere cauti nell'assumere che gli aumenti di produttività o efficienza derivanti dall'innovazione tecnologica andranno necessariamente a vantaggio dei lavoratori. Spesso, i lavoratori ricevono solo guadagni limitati, mentre affrontano potenziali perdite di posti di lavoro o peggioramenti delle condizioni di lavoro. I benefici dei guadagni di produttività sono in genere sbilanciati verso la classe capitalista, rafforzando la natura sfruttatrice del sistema.

Inoltre, Marx introduce il concetto di composizione organica del capitale. La composizione organica si riferisce alla relazione tra capitale costante (macchinari, materie prime, ecc.) e capitale variabile (salari). Marx suggerisce che man mano che la composizione organica del capitale aumenta, attraverso l'introduzione di macchinari e automazione, vi è una tendenza al declino del tasso di plusvalore. Questo perché il ruolo crescente dei macchinari riduce la quantità di lavoro necessaria per la produzione, limitando il potenziale di estrazione del plusvalore.

La composizione organica del capitale rivela una contraddizione intrinseca nel sistema capitalista. Da un lato, i capitalisti si sforzano di adottare tecnologie che facciano risparmiare manodopera per aumentare la produttività e massimizzare i profitti. Dall'altro, questi progressi tecnologici diminuiscono la domanda di manodopera, portando potenzialmente a un aumento della disoccupazione e a una disgregazione sociale. Inoltre, man mano che cresce il ruolo dei macchinari, aumenta il rapporto tra capitale costante e capitale variabile. Ciò amplifica il conflitto tra capitale e lavoro, poiché una quota minore di capitale viene allocata come salari, con conseguente potenziale diminuzione degli standard di vita e del potere d'acquisto dei lavoratori.

Marx conclude il capitolo sottolineando l'importanza di comprendere queste varie formule per il tasso di plusvalore. Sostiene che analizzare queste formule aiuta a scoprire i meccanismi sottostanti della produzione e dello sfruttamento capitalisti. Comprendere il tasso di plusvalore fornisce spunti sulle dinamiche dell'accumulazione capitalista e sullo sfruttamento della classe operaia.

Capitolo IX
SALARI

Per comprendere la natura dei salari, bisogna scavare a fondo negli strati del sistema capitalista ed esaminare le dinamiche in gioco, addentrandosi in analisi ancora più approfondite.

L'analisi di Marx inizia stabilendo fermamente che la forza lavoro, la capacità di lavorare, è una merce unica nella società capitalista. A differenza di altre merci, che possiedono un valore intrinseco basato sul tempo di lavoro socialmente necessario richiesto per la loro produzione, il valore della forza lavoro è determinato dal tempo di lavoro necessario per riprodurre la capacità di lavorare del lavoratore. Questa riproduzione comprende non solo i requisiti fisici come cibo, vestiario e riparo, ma anche le condizioni culturali e sociali necessarie per il benessere del lavoratore, tra cui istruzione, assistenza sanitaria e un certo livello di autonomia.

Tuttavia, la mercificazione della forza lavoro stessa solleva profonde questioni. Cosa determina il valore della forza lavoro in cambio? Perché i salari sono in genere inferiori al valore creato dai lavoratori attraverso il loro lavoro, perpetuando un plusvalore per la classe capitalista?

Marx sostiene che il valore della forza lavoro è dettato da circostanze storiche e sociali, intrecciate con progressi tecnologici, risorse disponibili e condizioni sociali prevalenti. Questi fattori influenzano il tempo di lavoro socialmente necessario richiesto per la riproduzione della forza lavoro e quindi ne modellano il valore. Ad esempio, nelle società con produzione industriale avanzata e alti livelli di produttività, il valore della forza lavoro tende a essere più elevato rispetto alle società in cui la produzione rimane prevalentemente agraria.

Inoltre, i capitalisti utilizzano vari meccanismi per abbassare i salari ed estrarre plusvalore dai lavoratori. Uno di questi meccanismi è la spinta costante verso progressi tecnologici che facciano risparmiare manodopera. Mentre questi progressi aumentano la produttività e generano profitti per i capitalisti, portano anche allo spostamento dei lavoratori e a un calo del valore della forza lavoro, poiché il tempo di lavoro socialmente necessario richiesto per la sua riproduzione diminuisce. Questa svalutazione della forza lavoro è accompagnata da un'intensificazione della competizione tra i lavoratori, poiché coloro che sono maggiormente colpiti dallo spostamento tecnologico sono costretti ad accettare salari più bassi o peggiori condizioni di lavoro.

Inoltre, Marx esplora il ruolo della contrattazione collettiva e della lotta della classe operaia nella determinazione dei salari. Osserva che quando i lavoratori si uniscono e si organizzano collettivamente, ottengono un maggiore potere contrattuale contro la classe capitalista. Attraverso scioperi, sindacati e altre forme di azione collettiva, i lavoratori possono chiedere salari più alti e migliori condizioni di lavoro. Tuttavia, Marx avverte anche che questi guadagni sono spesso temporanei e soggetti a controstrategie capitaliste volte a dividere la classe operaia, come l'outsourcing, l'automazione e l'outsourcing in regioni con salari più bassi.

La dimensione internazionale dei salari non può essere trascurata, evidenziando l'interconnessione delle economie capitaliste. Marx riconosce che i salari variano nei diversi paesi a causa della diversa produttività del lavoro, organizzazione e condizioni sociali. Queste variazioni creano una dinamica globale in cui i flussi di capitale si dirigono verso regioni con salari più bassi, esacerbando lo sfruttamento e approfondendo le disuguaglianze tra le nazioni. Inoltre, l'imperialismo capitalista e la colonizzazione esacerbano ulteriormente questi differenziali salariali globali, poiché le nazioni potenti sfruttano le risorse e il lavoro delle nazioni più deboli, con conseguenti salari ancora più bassi per i lavoratori nelle nazioni sfruttate.

In tutta questa analisi estesa, Marx sottolinea come il modo di produzione capitalista perpetui e riproduca le divisioni di classe. I lavoratori, in quanto venditori della loro forza-lavoro, sono intrappolati in un sistema che rafforza continuamente la loro subordinazione al capitale. La loro dipendenza dai salari per la sopravvivenza perpetua un ciclo di sfruttamento e disuguaglianza, consolidando il potere dei capitalisti e ampliando il divario tra chi ha e chi non ha.

Il rapporto tra il valore della forza-lavoro e la determinazione del salario:

L'analisi di Marx mette in luce la natura unica della forza lavoro come merce all'interno del processo di produzione capitalistico e approfondisce le complessità che influenzano il suo valore e il corrispondente prezzo dei salari.

L'autore inizia stabilendo la forza lavoro come la capacità distintiva posseduta dagli individui di impegnarsi nel lavoro e produrre beni e servizi. È fondamentale discernere che la forza lavoro non è equa al lavoro effettivamente svolto, ma piuttosto rappresenta il potenziale per il lavoro. Inoltre, egli chiarisce che la forza lavoro possiede un valore specifico, che è determinato dal tempo di lavoro socialmente necessario richiesto per riprodurre e sostenere il lavoratore a un dato tenore di vita.

Tuttavia, il prezzo della forza-lavoro, o salario, non è sempre equivalente al suo valore. Vari fattori entrano in gioco, significativamente influenzati dalla perpetua lotta di classe che si svolge tra capitalisti e lavoratori all'interno del modo di produzione capitalistico.

Un fattore cruciale che influenza i salari è la dinamica della domanda e dell'offerta all'interno del mercato del lavoro. Quando c'è un eccesso di offerta di lavoratori disponibili, creando una forza lavoro in eccesso, i datori di lavoro capitalisti inevitabilmente detengono maggiore potere e leva, dettando i salari a loro vantaggio. Questa asimmetria di potere porta a una pressione al ribasso sui salari poiché i lavoratori sono costretti ad accettare retribuzioni più basse per assicurarsi un impiego. Allo stesso tempo, i capitalisti tendono a investire in tecnologie che risparmiano manodopera e automazione durante tali periodi, aggravando ulteriormente la situazione precaria per i lavoratori.

Al contrario, durante i periodi di scarsità di manodopera, i lavoratori hanno un potere contrattuale accresciuto, che consente loro di richiedere salari più alti in base ai principi di domanda e offerta. Poiché sono disponibili meno lavoratori, i capitalisti devono competere per assicurarsi la loro forza lavoro, con conseguenti aumenti salariali, migliori condizioni di lavoro e migliori benefit per i lavoratori. Ciò dimostra la natura intrinsecamente contraddittoria e fluttuante del mercato del lavoro capitalista, in cui i livelli salariali oscillano in base alle mutevoli esigenze del capitale.

Marx approfondisce ulteriormente il concetto di "salario minimo" e il suo significato all'interno del sistema capitalista. Egli postula che i capitalisti hanno un interesse personale nel mantenere i salari a un livello che favorisca la sussistenza di base dei lavoratori. Questo salario minimo non solo salvaguarda la riproduzione e il mantenimento della forza lavoro, ma assicura anche la creazione e il mantenimento di un esercito di riserva di lavoratori disoccupati. Questo esercito di riserva agisce come un meccanismo disciplinare, esercitando una pressione al ribasso sui salari poiché la disperazione per l'occupazione costringe i lavoratori ad accettare condizioni sfavorevoli.

Inoltre, Marx sottolinea la natura multiforme della determinazione dei salari, evidenziando che i salari non sono determinati esclusivamente dal valore della forza lavoro, ma sono anche influenzati da fattori storici e sociali. Le lotte dei lavoratori, dei sindacati e degli interventi legislativi modellano in modo significativo i livelli salariali. Gli sforzi di contrattazione collettiva, gli scioperi e i movimenti dei lavoratori possono esercitare una pressione al rialzo sui salari, superando il semplice valore della forza lavoro. Al contrario, una legislazione regressiva e movimenti sindacali indeboliti possono portare a un calo dei salari al di sotto del valore della forza lavoro, amplificando lo sfruttamento all'interno del sistema di produzione capitalista.

All'interno di questa comprensione ampliata della determinazione salariale, Marx espone un altro livello di complessità: la distinzione tra valore e prezzo della forza lavoro in termini sia di quantità che di qualità. Mentre il valore della forza lavoro dipende principalmente dal tempo di lavoro medio socialmente necessario richiesto per la sua riproduzione, il prezzo può deviare a causa di variazioni qualitative del lavoro. Il lavoro qualificato, che richiede una formazione estesa o conoscenze specialistiche, possiede un valore più elevato e può comandare salari più elevati di conseguenza.

Inoltre, Marx approfondisce il significato della produttività del lavoro nella determinazione dei salari. L'aumento della produttività, derivante dai progressi tecnologici o dal lavoro intensificato, tende ad aumentare il valore della forza lavoro. Ciò avviene quando i lavoratori diventano più produttivi, consentendo loro di creare un valore maggiore per i loro datori di lavoro. Tuttavia, paradossalmente, man mano che la produttività aumenta, la proporzione relativa dei salari rispetto al valore totale prodotto tende a diminuire. I capitalisti si appropriano di un surplus crescente dalla produttività aumentata, esacerbando lo sfruttamento della classe operaia.

Mentre la forza lavoro è una merce con un valore specifico determinato dal tempo di lavoro socialmente necessario, il prezzo effettivo della forza lavoro sotto forma di salario è modellato da una rete di fattori economici, sociali e storici dinamici. È attraverso la comprensione di questa trasformazione e dell'interazione tra potere e lotta di classe che possiamo cogliere appieno la natura sfruttatrice insita nel modo di produzione capitalista.

Tempo-Salario:

Il sistema capitalista prospera sulla mercificazione della forza lavoro, riducendo l'attività umana a un mero valore di scambio. All'interno di questa complessa rete, il concetto di salario-tempo assume un ruolo centrale nella comprensione delle dinamiche di potere in gioco. Approfondendo le complessità del salario-tempo si ottiene una lente più chiara attraverso cui possiamo discernere lo sfruttamento insito nel modo di produzione capitalista.

I salari a tempo incapsulano l'accordo in base al quale i lavoratori vengono compensati per la durata del loro lavoro. Tuttavia, questo accordo apparentemente semplice nasconde molteplici livelli di sfruttamento e alienazione, perpetuando il vasto abisso di disuguaglianza che caratterizza le società capitaliste.

I capitalisti, spinti dall'insaziabile desiderio di profitto, impiegano i lavoratori per un numero specifico di ore e, in cambio, pagano loro una cifra fissa proporzionale al tempo investito, una somma spesso grossolanamente insufficiente a soddisfare i loro veri bisogni. La natura sfruttatrice di questa disposizione diventa chiara quando esaminiamo il concetto di plusvalore e la sua relazione con i salari a tempo.

Al centro del modo di produzione capitalista c'è il plusvalore, che si genera quando il valore totale prodotto dai lavoratori supera il valore della loro forza lavoro. Quando un lavoratore viene assunto, scambia la sua forza lavoro con un salario, ma il suo lavoro produce un valore che supera quel salario. Questo plusvalore, creato attraverso l'appropriazione di lavoro non retribuito, è il fondamento dell'accumulazione del profitto capitalista.

Fondamentalmente, i salari a tempo diventano il meccanismo attraverso il quale il plusvalore generato dal lavoro dei lavoratori viene espropriato dalla classe capitalista. I lavoratori faticano senza sosta, giorno dopo giorno, per la loro sopravvivenza, ma non realizzano mai appieno il frutto del loro lavoro. Il velo della mercificazione oscura il vero valore dei loro contributi, riducendo la loro esistenza a un momento fugace sull'orologio capitalista. L'essenza del loro lavoro viene prosciugata, sostituita da un freddo calcolo di ore e minuti che favorisce un controllo esterno sulla loro forza lavoro.

Inoltre, nell'ambito dei salari a tempo, il sistema prevalente di salari a cottimo merita un esame più attento. I salari a cottimo collegano la retribuzione del lavoratore direttamente alla quantità di prodotti che produce piuttosto che alla durata del suo lavoro. Questo approccio apparentemente diretto, allettante con l'illusione di una produttività ricompensata, nasconde una forma più sottile di sfruttamento. I capitalisti, mentre sembrano incentivare una maggiore produzione, in ultima analisi capitalizzano il sottopagamento dei lavoratori per il valore che producono.

Il sottopagamento del lavoro dei lavoratori tramite salari a tempo crea un circolo vizioso all'interno del sistema capitalista. Mentre i lavoratori lottano per soddisfare i loro bisogni di base, sono costretti a vendere la loro forza lavoro per salari di sussistenza, perpetuando la loro dipendenza economica dalla classe capitalista. Questa dipendenza da salari a tempo esigui assicura che i lavoratori rimangano intrappolati in un sistema di sfruttamento, privo di vera libertà e autonomia.

La situazione è aggravata dal concetto di tempo di lavoro necessario e tempo di lavoro in eccesso. Il tempo di lavoro necessario rappresenta la porzione della giornata lavorativa richiesta ai lavoratori per guadagnare abbastanza da soddisfare i loro bisogni di base, mentre il tempo di lavoro in eccesso rappresenta le ore aggiuntive di fatica oltre il necessario. È questo lavoro in eccesso, non retribuito e non riconosciuto, che costituisce il fondamento dell'accumulazione di profitto capitalista.

Salario a cottimo:

1. Il contesto storico del salario a cottimo:
Le origini del salario a cottimo possono essere ricondotte all'ascesa della produzione capitalista durante la Rivoluzione industriale, un periodo caratterizzato da significativi progressi tecnologici e dalla ricerca del profitto. Con l'emergere di nuove tecnologie, che trasformarono i tradizionali modi di produzione, la classe capitalista cercò di estrarre il massimo plusvalore dai propri lavoratori. Il salario a cottimo servì come strumento per raggiungere questo obiettivo stabilendo un collegamento tra il reddito dei lavoratori e la loro produttività. Fornì ai datori di lavoro i mezzi per spingere i lavoratori a una competizione sempre più intensa tra loro, promuovendo un ambiente che dava ulteriormente priorità al profitto rispetto al benessere della forza lavoro.

2. Concorrenza e sue conseguenze:

Nelle industrie governate da salari a cottimo, la forte competizione tra i lavoratori diventa una caratteristica prevalente del mercato del lavoro. Mentre gli individui si sforzano di assicurarsi redditi più alti, si dedicano a superare i loro pari, dando vita a una corsa profondamente radicata per una maggiore produttività. Tuttavia, questa atmosfera competitiva può essere dannosa per la salute fisica e mentale dei lavoratori. La pressione per ottenere costantemente risultati e superare le aspettative favorisce un ambiente incline a stress, ansia ed esaurimento. I lavoratori possono sopportare orari di lavoro prolungati, mettendo a rischio il loro benessere nel tentativo di ottenere salari a cottimo più alti e quindi garantire un salario dignitoso.

Inoltre, la natura competitiva dei salari a cottimo spesso porta a un deterioramento della solidarietà dei lavoratori. Quando gli individui competono tra loro, il senso del potere di contrattazione collettiva diminuisce. Invece di collaborare, i lavoratori si isolano nella loro ricerca di un reddito più alto, lasciandoli vulnerabili allo sfruttamento da parte dei datori di lavoro. Questa frattura nella solidarietà dei lavoratori indebolisce anche la loro capacità di sostenere migliori condizioni di lavoro o di combattere pratiche di lavoro ingiuste, perpetuando ulteriormente lo sfruttamento insito nel sistema del salario a cottimo.

3. Alienazione dei lavoratori e deterioramento delle condizioni di lavoro:

L'implementazione del salario a cottimo crea una situazione in cui i lavoratori si distaccano gradualmente dal valore intrinseco del loro lavoro. Invece, la loro attenzione si sposta verso la mera produzione numerica, poiché diventano cartellini del prezzo della loro stessa capacità di sfornare beni o servizi. Questa alienazione dal processo creativo può portare a un declino dell'abilità artigianale e a un deprezzamento generale della qualità del lavoro. I datori di lavoro possono capitalizzare questa alienazione deteriorando ulteriormente le condizioni di lavoro, imponendo regimi di lavoro intensificati e marginalizzando le misure di sicurezza per aumentare la produttività e tagliare i costi. Di conseguenza, il lavoratore diventa mercificato, ridotto a un componente usa e getta del processo di produzione.

Inoltre, il sistema di salario a cottimo genera una disparità tra sforzo e ricompensa. Per i lavoratori, la retribuzione monetaria è direttamente legata alla loro produttività, spesso portando a una situazione in cui i dipendenti vengono espropriati del valore che creano. Mentre i lavoratori possono investire più tempo e sforzi nel loro lavoro per guadagnare salari più alti, i datori di lavoro traggono profitto dalla loro maggiore produttività senza ricompensarli equamente. Questo sfruttamento elimina il senso di giustizia ed equità, esacerbando l'alienazione dei lavoratori e perpetuando ulteriormente la natura sfruttatrice del sistema di salario a cottimo.

4. L'introduzione dei macchinari e l'intensificazione del lavoro:

È fondamentale riconoscere l'interazione tra macchinari e salari a cottimo. Con l'avvento dell'automazione industriale, i macchinari garantiscono una maggiore capacità e velocità di produzione, intensificando le pressioni sui lavoratori. Questo sviluppo tecnologico razionalizza la manipolazione al ribasso delle tariffe a cottimo da parte dei datori di lavoro, che sfruttano il potenziale di produzione amplificato senza ricompensare in modo commisurato i contributi dei lavoratori. L'introduzione dei macchinari, quindi, aumenta la competizione tra i lavoratori e contemporaneamente aumenta il potenziale di sfruttamento dei lavoratori, amplificando gli svantaggi insiti nel sistema di salario a cottimo.

Inoltre, l'integrazione dei macchinari spesso richiede un cambiamento nei requisiti del lavoro, favorendo le competenze tecniche rispetto al lavoro manuale. Questo cambiamento emargina ulteriormente i lavoratori che non sono in grado di adattarsi o di accedere alla formazione necessaria, esacerbando la posizione già vulnerabile di coloro che sono impiegati con il sistema a cottimo. Con l'avanzare della tecnologia, la domanda di competenze specializzate può lasciare indietro una parte significativa della forza lavoro, generando un ciclo di esclusione economica e una maggiore disuguaglianza.

5. Mettere insieme una prospettiva più ampia:
I salari a cottimo svolgono un ruolo significativo all'interno del modo di produzione capitalista, intrappolando i lavoratori in un ciclo incessante di competizione, alienazione e condizioni di lavoro degradanti. Tuttavia, è essenziale considerare i salari a cottimo come una componente di un quadro capitalista più ampio che dà priorità alla generazione di profitti, perpetua le disuguaglianze sociali e mantiene una relazione di sfruttamento tra capitale e lavoro. Queste contraddizioni rivelano i difetti intrinseci dei salari a cottimo come soluzione autonoma, che richiede una trasformazione sistemica che affronti le cause profonde dello sfruttamento dei lavoratori all'interno del sistema capitalista.

Esaminandone il contesto storico, le conseguenze dell'intensa competizione, l'alienazione dei lavoratori e l'impatto dei macchinari, acquisiamo una comprensione più profonda della natura sfruttatrice dei salari a cottimo all'interno della più ampia struttura capitalista. Mentre profonde trasformazioni continuano a plasmare il nostro panorama socioeconomico, la necessità di affrontare e risolvere i difetti insiti nei salari a cottimo diventa sempre più pressante, indirizzandoci verso un mercato del lavoro più equo e giusto per tutti.

Differenze nazionali di salario:

In "Il Capitale", Marx approfondisce il concetto di differenze nazionali nei salari, esplorando come queste variazioni influiscano sul sistema capitalista. Inizia evidenziando come il capitalismo, con la sua portata globale, porti all'integrazione di diverse nazioni in un unico mercato mondiale. Tuttavia, questa integrazione non elimina l'esistenza di distinte economie nazionali e dei loro corrispondenti differenziali salariali.

Marx sostiene che le differenze nazionali nei salari possono essere attribuite a diversi fattori. In primo luogo, i livelli di produttività nei diversi paesi svolgono un ruolo significativo. Le nazioni con tecnologia avanzata, metodi di produzione efficienti e una forza lavoro altamente qualificata tendono ad avere una produttività più elevata e quindi salari più elevati. Ciò si verifica poiché tecniche e tecnologie avanzate aumentano la produzione per lavoratore, aumentando la produttività del lavoro e di conseguenza i salari. Allo stesso modo, una forza lavoro altamente qualificata richiede salari più elevati a causa della sua maggiore produttività e del suo valore per i datori di lavoro.

Tuttavia, il livello di produttività non è determinato solo da fattori naturali o progressi tecnologici. Anche fattori storici e sociali modellano i livelli di produttività. I paesi sviluppati hanno beneficiato di processi storici che hanno fornito loro tecnologia e capitale accumulati attraverso secoli di sfruttamento coloniale, imperialismo e predominio economico. Di conseguenza, possiedono maggiori mezzi per investire in infrastrutture e istruzione, il che porta a livelli di produttività più elevati. Al contrario, le nazioni in via di sviluppo spesso si trovano indietro a causa della loro sottomissione storica, dell'accesso limitato alle risorse e dei trasferimenti tecnologici che avvantaggiano principalmente le economie dominanti.

D'altro canto, i paesi con livelli di produttività più bassi hanno salari più bassi. Ciò può derivare da una mancanza di progresso tecnologico, metodi di produzione inefficienti o una forza lavoro meno qualificata. Tali paesi trovano difficile competere nel mercato globale e incontrano difficoltà nell'aumentare i salari a causa dei loro livelli di produttività più bassi. Un ciclo di bassa produttività, bassi salari e investimenti limitati perpetua la situazione, creando una barriera per lo sviluppo economico.

Inoltre, Marx osserva che la domanda e l'offerta di lavoro all'interno di ogni paese svolgono un ruolo fondamentale nella determinazione dei salari. Quando l'offerta di lavoro supera la domanda, i salari tendono a essere più bassi e viceversa. Ciò si verifica a causa del surplus di lavoro, dove un numero maggiore di lavoratori cerca lavoro rispetto alle posizioni disponibili. I datori di lavoro hanno la possibilità di scegliere tra un bacino di potenziali lavoratori, il che porta a una diminuzione dei salari per accogliere questo surplus di offerta. Al contrario, quando la domanda di lavoro supera l'offerta, i lavoratori hanno più potere contrattuale, il che porta a salari più alti.

Tuttavia, le dinamiche del mercato del lavoro non sono solo il risultato di forze economiche naturali. Fattori politici e sociali influenzano pesantemente queste condizioni. Storicamente, lo sfruttamento coloniale e l'imperialismo hanno sconvolto le economie locali, hanno portato allo spostamento dei tradizionali modi di produzione e imposto sistemi agrari che hanno favorito le esportazioni rispetto alle esigenze interne. Questi processi hanno spesso generato un eccesso di offerta di manodopera nelle regioni colonizzate, perpetuando bassi salari e dipendenza economica dai colonizzatori.

Inoltre, Marx esplora l'impatto del colonialismo e dell'imperialismo sulle differenze nazionali nei salari. Sostiene che la colonizzazione e l'imperialismo hanno portato allo sfruttamento di manodopera a basso costo e all'estrazione di risorse dalle regioni colonizzate. Le potenze colonizzatrici potrebbero trarre vantaggio dalla manodopera abbondante e a basso costo in questi territori, rafforzando i salari più bassi in quelle aree. Inoltre, l'afflusso di risorse dalle colonie ha fornito un vantaggio ai paesi industrializzati, consentendo loro di sviluppare tecnologie avanzate e livelli di produttività più elevati, ampliando ulteriormente il divario salariale.

Inoltre, la globalizzazione e l'emergere di multinazionali hanno svolto un ruolo significativo nel plasmare le differenze salariali tra le nazioni. Le multinazionali spesso sfruttano le disparità nei costi del lavoro tra i paesi, cercando di massimizzare i profitti trasferendo la produzione in regioni con salari più bassi e meno normative sul lavoro. Questo processo, noto come offshoring o outsourcing, ha contribuito alla stagnazione salariale e all'insicurezza lavorativa nei paesi sviluppati, esacerbando al contempo i bassi salari e le precarie condizioni di lavoro nei paesi in via di sviluppo.

Inoltre, Marx sottolinea il ruolo dei fattori politici e sociali nel plasmare le differenze salariali tra le nazioni. Esamina come il quadro giuridico, le normative sul lavoro e i movimenti sindacali in ogni paese influenzano i livelli salariali. I governi e la classe dirigente spesso intervengono nei mercati del lavoro attraverso leggi e politiche che possono sopprimere o promuovere la crescita salariale. Nei paesi in cui le leggi sul lavoro e i sindacati sono più forti, i lavoratori hanno un maggiore potere contrattuale, il che porta a salari più alti. Al contrario, nei paesi con tutele del lavoro più deboli, i lavoratori affrontano sfide nell'assicurarsi salari più alti e migliori condizioni di lavoro.

Per Marx, le differenze nazionali nei salari sono una caratteristica intrinseca del capitalismo. Poiché il capitalismo perpetua la ricerca costante di profitti, spinge le nazioni a competere e a sfruttarsi a vicenda, portando a disparità salariali. Queste disparità sono il risultato di fattori economici, politici e sociali sottostanti. Marx sostiene che tali disuguaglianze possono essere sradicate solo attraverso il rovesciamento del sistema capitalista e l'istituzione di una società senza classi, in cui i mezzi di produzione sono posseduti e gestiti collettivamente a beneficio di tutti. Ciò eliminerebbe il movente del profitto che sostiene le disparità salariali e creerebbe una società che valorizza e premia equamente il lavoro.

Capitolo X
L'ACCUMULAZIONE DEL CAPITALE

Con un'analisi meticolosa, Marx svela i complessi meccanismi attraverso cui il capitale si accumula e chiarisce le profonde implicazioni socio-economiche e politiche di questo processo. Attraverso la sua indagine, l'autore cerca di illuminare le dinamiche sottostanti del capitalismo, il suo profondo impatto sulla società e le potenziali vie per la resistenza e il cambiamento trasformativo.

Marx inizia sottolineando la spinta intrinseca del capitalismo a espandersi e accumularsi in modo perpetuo. Non è una questione di caso o coincidenza, ma una caratteristica intrinseca del modo di produzione capitalista. I capitalisti, motivati dall'incessante ricerca del profitto, devono continuamente sforzarsi di aumentare il loro capitale reinvestendo il plusvalore in ulteriore produzione. Questa incessante accumulazione è la linfa vitale del capitalismo e sostiene i suoi meccanismi fondamentali.

Una conseguenza fondamentale di questa incessante accumulazione è la concentrazione di ricchezza e potere nelle mani di pochi capitalisti selezionati. Man mano che il capitale si accumula, i capitalisti più piccoli vengono inevitabilmente estromessi dal mercato, incapaci di competere con le economie di scala e le tendenze monopolistiche del capitale su larga scala. Ciò non solo esacerba le disparità sociali, ma porta anche alla centralizzazione del potere economico e politico, conferendo a pochi privilegiati un'influenza dominante sulla società in generale.

Marx procede spiegando come questa concentrazione di capitale spinga lo sviluppo del capitalismo monopolistico, una fase in cui una manciata di aziende dominanti arriva a esercitare un controllo quasi egemonico su interi settori dell'economia. I monopoli emergono attraverso tattiche predatorie come fusioni, acquisizioni ed eliminazione della concorrenza, con conseguente comparsa di colossali entità aziendali che esercitano un'immensa influenza su produzione, distribuzione e prezzi. Di conseguenza, questo consolidamento del potere economico pone sfide formidabili alla concorrenza, all'innovazione e al benessere dei consumatori, sottolineando ulteriormente le contraddizioni intrinseche all'interno del sistema capitalista.

Inoltre, Marx evidenzia gli effetti perniciosi dell'accumulazione di capitale sulla classe operaia. Man mano che il capitale si accumula, c'è una domanda sempre crescente di forza lavoro, che porta all'espansione della forza lavoro industriale. Tuttavia, questa espansione è invariabilmente accompagnata da un accresciuto sfruttamento, dal deterioramento delle condizioni di lavoro e dalla soppressione dei diritti dei lavoratori. L'insaziabile spinta al profitto, che caratterizza l'accumulazione di capitale, costringe i capitalisti a estrarre un surplus di valore crescente dai loro dipendenti, sottoponendo i lavoratori a prolungate ore di lavoro, salari ridotti e accordi di lavoro precari.

Oltre a intensificare lo sfruttamento, Marx sottolinea come la legge generale dell'accumulazione esasperi le contraddizioni intrinseche del sistema capitalista, dando spesso origine a crisi economiche. Il processo di accumulazione genera condizioni in cui sovrapproduzione, sottoconsumo e speculazione finanziaria diventano fenomeni ricorrenti. Queste crisi derivano dalla contraddizione fondamentale tra la spinta incessante all'accumulazione e il limitato potere d'acquisto delle masse sfruttate. Man mano che la produzione si espande e il capitale si accumula, il mercato potenziale per beni e servizi non riesce a tenere il passo, generando una propensione alla sovrapproduzione. Questo surplus risultante, a sua volta, si dispiega in crisi economiche, fallimenti, tassi di disoccupazione alle stelle e disagio sociale.

Tuttavia, Marx non considera la legge generale dell'accumulazione capitalista come un destino immutabile. Piuttosto, sostiene che l'alienazione e lo sfruttamento insiti nell'accumulazione di capitale possono accendere la resistenza e accendere la prassi rivoluzionaria. Comprendendo le dinamiche sottostanti del capitalismo, la classe operaia può impegnarsi per un'azione collettiva, solidarietà e cambiamento trasformativo. La profonda analisi di Marx funge da appassionato invito all'azione, esortando i lavoratori a organizzarsi contro le condizioni di sfruttamento perpetuate dall'accumulazione di capitale e a impegnarsi ardentemente per una società che dia priorità ai bisogni umani e al benessere rispetto al profitto e all'accumulazione perpetua.

Riproduzione semplice:

La riproduzione semplice, come abbiamo discusso in precedenza, si riferisce al processo mediante il quale il valore totale delle merci prodotte è sufficiente a sostituire il capitale costante (i mezzi di produzione) e il capitale variabile (la forza lavoro) spesi nel processo di produzione. Garantisce la continuazione della produzione senza alcuna espansione o contrazione complessiva.

Per comprendere le complessità della riproduzione semplice, dobbiamo esaminare la relazione tra la classe capitalista e la classe operaia all'interno del sistema capitalista. La classe capitalista, composta da individui o gruppi che possiedono e controllano i mezzi di produzione, assume un ruolo dominante nel sistema capitalista. Il loro obiettivo primario è massimizzare i profitti e accumulare capitale.

Per raggiungere questo obiettivo, impiegano la classe operaia come lavoratori salariati, che vendono la loro forza lavoro ai capitalisti in cambio di salari. La classe operaia, non possedendo i mezzi di produzione, fa affidamento sulla vendita della propria forza lavoro per guadagnarsi da vivere. Stipulano un accordo contrattuale con la classe capitalista, offrendo la propria forza lavoro per un salario determinato dalle forze di mercato della domanda e dell'offerta.

Nel processo di produzione, la classe capitalista utilizza una parte del plusvalore estratto dal lavoro della classe operaia come capitale costante per sostituire i macchinari, le materie prime e gli altri mezzi di produzione consumati durante il processo di produzione. Ciò garantisce il mantenimento e la continuità della produzione mantenendo intatte le necessarie condizioni produttive.

Il plusvalore, che è la differenza tra il valore prodotto dai lavoratori e il valore dei loro salari, diventa la fonte di profitto per la classe capitalista. È attraverso l'estrazione e l'appropriazione del plusvalore che la classe capitalista accumula ed espande il proprio capitale.

È importante notare che il processo di riproduzione semplice non porta a cambiamenti o sviluppi fondamentali nel sistema capitalista. Piuttosto, perpetua le relazioni di produzione esistenti e sostiene il modo di sfruttamento capitalista. La riproduzione semplice si concentra principalmente sulla conservazione dello status quo, assicurando la continuità della produzione e la riproduzione sia della classe capitalista che della classe operaia.

Il valore totale delle merci prodotte include sia il valore richiesto per la riproduzione dei mezzi di produzione sia il valore necessario per riprodurre la forza-lavoro dei lavoratori. Questa distribuzione del valore è essenziale per mantenere l'equilibrio tra capitale e lavoro all'interno del sistema capitalista. Se ci fosse uno squilibrio, sia per una sostituzione inadeguata dei mezzi di produzione sia per una riproduzione insufficiente della forza-lavoro, l'intero processo di produzione capitalista verrebbe interrotto.

Tuttavia, è fondamentale riconoscere che, sebbene la riproduzione semplice sia un aspetto cruciale del sistema capitalista, non è l'unica forza trainante. Il capitalismo cerca intrinsecamente l'espansione, la crescita e l'accumulazione di capitale.

La classe capitalista, sempre spinta dall'incessante ricerca del profitto, si sforza continuamente di aumentare i propri profitti ed espandere le proprie imprese. Questa ricerca di espansione va oltre i confini della semplice riproduzione e porta a ciò che Marx ha definito riproduzione espansa. La riproduzione espansa comporta il reinvestimento di una parte del plusvalore in nuovi mezzi di produzione, macchinari e tecnologia, consentendo un aumento sia della scala che dell'intensità delle attività produttive.

Attraverso la riproduzione espansa, la classe capitalista cerca di espandere il proprio capitale complessivo, aumentare la propria quota di mercato ed esercitare un controllo ancora maggiore su lavoro e produzione. Questa spinta espansiva spesso comporta investimenti estesi, progressi tecnologici ed esplorazione di nuovi mercati e risorse.

Conversione del plusvalore in capitale:

Marx presenta un'analisi profondamente approfondita del processo mediante il quale il plusvalore, derivante dal lavoro dei lavoratori, si trasforma in capitale nell'ambito del modo di produzione capitalistico.

Il plusvalore, sottolinea Marx, costituisce il fondamento stesso dell'accumulazione capitalista. È il plusvalore prodotto dai lavoratori oltre quanto è necessario per la loro stessa sussistenza. Il capitalista, in quanto proprietario dei mezzi di produzione, si appropria di questo plusvalore sotto forma di profitto, consolidando così il proprio dominio e controllo sul lavoro degli altri. Questa appropriazione, tuttavia, nasconde la natura sfruttatrice del sistema capitalista, in cui il lavoro è la fonte della ricchezza ma è alienato dal suo stesso prodotto e sottoposto alla schiavitù salariale.

Approfondendo la conversione del plusvalore in capitale, Marx analizza il ruolo fondamentale svolto dall'investimento. Il capitalista, spinto dall'insaziabile ricerca del profitto, reinveste una parte significativa del plusvalore nel processo di produzione. Questo atto di reinvestimento, o accumulazione di capitale, funge da forza trainante dietro l'espansione e l'ampliamento delle imprese capitaliste. Perpetua una costante fame di crescita, spingendo i capitalisti ad appropriarsi e sfruttare sempre più manodopera, con conseguente ciclo ininterrotto di accumulazione di capitale.

L'analisi di Marx delle forme di accumulazione del capitale svela le dinamiche della riproduzione semplice e della riproduzione estesa. La riproduzione semplice si riferisce alla replica del capitale esistente ma su scala più ampia, spesso legata a una domanda aumentata. La riproduzione estesa, d'altro canto, significa l'espansione e l'intensificazione perpetua del capitale attraverso un aumento degli investimenti. Questa riproduzione estesa crea non solo più capitale, ma anche una spinta costante all'espansione dei mercati, poiché il capitale cerca nuove vie di profitto sia a livello nazionale che internazionale.

All'interno del processo di accumulazione del capitale, Marx illumina la relazione intricata tra la composizione organica del capitale e il tasso di accumulazione. La composizione organica del capitale rappresenta la proporzione di capitale costante (come macchinari e materie prime) rispetto al capitale variabile (compresi i salari pagati ai lavoratori). I progressi tecnologici e la maggiore meccanizzazione della produzione aumentano il rapporto tra capitale costante e capitale variabile, il che porta a un aumento della produttività.

Questo aumento della composizione organica del capitale corrisponde a un'impennata della produttività e alla concentrazione della ricchezza nelle mani dei capitalisti. Tuttavia, induce anche un relativo declino della domanda di lavoro, poiché le macchine sostituiscono i lavoratori umani. Di conseguenza, i capitalisti incontrano una contraddizione fondamentale: mentre si sforzano di massimizzare i loro profitti riducendo i costi del lavoro, la domanda di lavoro in calo erode simultaneamente il potere d'acquisto dei lavoratori, soffocando potenzialmente il mercato per i loro beni. Questa contraddizione esacerba la lotta di classe tra capitalisti e lavoratori, poiché lo sfruttamento si approfondisce e i lavoratori lottano per una giusta quota della ricchezza che hanno contribuito a creare.

Nella sua ricerca per risolvere questa contraddizione, Marx postula che l'infinita accumulazione di capitale richiede la continua creazione di un esercito di riserva di lavoratori disoccupati o sottoccupati. Questo esercito di riserva funge da meccanismo per reprimere i salari, perpetuando una dipendenza vulnerabile dei lavoratori dal capitale. L'esercito di riserva svolge un duplice ruolo, mantenendo una pressione costante sui salari e fungendo anche da fonte di manodopera sacrificabile durante i periodi di maggiore domanda. Questo ciclo perpetua l'instabilità e l'insicurezza insite nell'esistenza di manodopera in eccesso, portando a un equilibrio di potere in continuo cambiamento tra capitalisti e lavoratori.

Ampliando la portata della sua analisi, Marx approfondisce la natura ciclica di questo processo, in cui l'accumulazione di capitale porta a una maggiore produttività, a uno sfruttamento più intenso dei lavoratori e, in ultima analisi, rafforza l'intrinseca asimmetria di potere tra capitalisti e lavoratori. Man mano che il sistema capitalista progredisce, Marx afferma che queste contraddizioni diventano sempre più pronunciate, approfondendo la divisione tra coloro che possiedono e controllano i mezzi di produzione e coloro il cui lavoro li sostiene.

La legge generale dell'accumulazione capitalista:

Marx sostiene che l'accumulazione di capitale non è una mera accumulazione di ricchezza o risorse. Piuttosto, riguarda l'espansione dei mezzi di produzione e la ricerca incessante del profitto. I capitalisti si sforzano di aumentare continuamente il loro capitale reinvestendo il plusvalore nell'acquisizione di nuovi macchinari, tecnologie e manodopera. Questa spinta costante ad espandere la produzione, spinta dalla pressione della concorrenza, definisce la legge generale dell'accumulazione capitalista.

La concentrazione del capitale è un aspetto centrale di questo processo. Man mano che i singoli capitalisti accumulano più capitale, diventano più potenti, costringendo i concorrenti più piccoli a uscire dal mercato o assorbendoli tramite fusioni e acquisizioni. Ciò si traduce nel consolidamento della ricchezza e del potere nelle mani di pochi eletti, diminuendo il numero di capitalisti indipendenti e amplificando ulteriormente il loro predominio sui mezzi di produzione.

Allo stesso tempo, la centralizzazione del capitale avviene man mano che la ricchezza si concentra sempre di più nelle mani di un gruppo limitato di potenti capitalisti o imprese capitaliste. Man mano che questa centralizzazione si intensifica, le disuguaglianze sociali si perpetuano, approfondendo il divario tra i ricchi e la classe operaia. L'accumulazione e la concentrazione del capitale portano allo sfruttamento della classe operaia, poiché i capitalisti cercano di massimizzare i profitti abbassando i salari, riducendo i costi del lavoro ed estraendo plusvalore attraverso l'acquisto di forza lavoro.

Marx fa luce sul ruolo fondamentale svolto dalla classe operaia nel processo di accumulazione del capitale. La classe operaia emerge con lo sviluppo del capitalismo, ritrovandosi sempre più dipendente dalla vendita della propria forza lavoro per sopravvivere. Tuttavia, la concentrazione sempre crescente del capitale intensifica lo sfruttamento sperimentato dalla classe operaia, sottoponendola a condizioni sempre peggiori e minando la sua capacità di sfuggire al ciclo del lavoro e della dipendenza.

Inoltre, Marx sottolinea la natura ciclica dell'accumulazione capitalista, irta di crisi e contraddizioni periodiche. La stessa ricerca del profitto e l'accumulazione incessante generano squilibri all'interno del sistema capitalista, portando a sovrapproduzione e recessioni economiche. Queste crisi espongono le contraddizioni intrinseche del capitalismo, derivanti dalla tensione tra la spinta all'accumulazione e le limitazioni imposte dal potere di consumo della classe operaia. Esse mettono a nudo la fragilità e l'instabilità di questo modo di produzione, perpetuando un ciclo di boom, recessioni e crisi sistemiche.

Marx conclude questo capitolo con una clamorosa affermazione della natura sfruttatrice del capitalismo, radicata nella legge generale dell'accumulazione capitalista. La ricerca incessante del profitto, guidata dall'accumulazione di capitale in continua espansione, rafforza la disuguaglianza e l'alienazione all'interno della società. L'accumulazione capitalista perpetua un sistema intrinsecamente ingiusto che prospera sul lavoro della classe operaia, concentrando al contempo la ricchezza nelle mani di pochi privilegiati.

In questo contesto, Marx prevede l'emergere di una coscienza rivoluzionaria all'interno della classe operaia. Man mano che lo sfruttamento e l'alienazione si approfondiscono, la classe operaia, attraverso l'azione collettiva e la solidarietà, alla fine si solleverà contro il modo di produzione capitalista sfruttatore. Questa lotta rivoluzionaria mira a stabilire un nuovo ordine socio-economico, basato sui principi di uguaglianza, controllo democratico e sviluppo armonioso del potenziale umano.

Capitolo XI
ACCUMULAZIONE PRIMITIVA

Il segreto dell'accumulazione primitiva:

Il sistema capitalista, come descritto da Karl, è fondato sull'accumulazione di capitale. Tuttavia, questa accumulazione non si è semplicemente materializzata da un giorno all'altro. In "Il Capitale", Marx approfondisce il segreto dietro le origini dell'accumulazione di capitale, il processo noto come accumulazione primitiva.

L'autore inizia gettando luce sul contesto storico in cui ha avuto luogo l'accumulazione primitiva. Spiega che questo processo si è verificato prima che il capitalismo emergesse completamente come sistema economico dominante. Ha comportato la trasformazione di vari modi di produzione precapitalistici, come il feudalesimo, nel modo capitalista.

Il segreto dell'accumulazione primitiva risiede nell'espropriazione dei contadini dalle loro terre, un atto compiuto con mezzi violenti e coercitivi. Marx sottolinea come questo movimento di recinzione abbia espulso con la forza i contadini dalla terra di proprietà comune, trasformandola in proprietà privata controllata da pochi eletti. Gli Enclosure Acts, emanati in Inghilterra e in altre parti dell'Europa occidentale, hanno portato allo sconvolgimento sociale e allo spostamento di innumerevoli contadini, che non hanno avuto altra scelta che vendere la loro forza lavoro per sopravvivere.

Inoltre, Marx esplora il ruolo svolto dal colonialismo nel processo di accumulazione primitiva. Sostiene che le potenze coloniali europee, spinte da interessi capitalistici, hanno saccheggiato la ricchezza delle nazioni colonizzate, portando alla loro sottomissione economica e al sottosviluppo. Lo sfruttamento delle colonie è servito come una fonte significativa di accumulazione per i paesi capitalisti emergenti. Il sequestro di terre, risorse naturali e manodopera nelle colonie ha fornito ai capitalisti un vasto bacino di risorse a basso costo e mercati per i loro beni.

Marx approfondisce anche il ruolo della schiavitù nell'accumulazione primitiva, concentrandosi sulla tratta degli schiavi atlantica. Spiega come milioni di schiavi africani furono spietatamente trasportati nelle Americhe e in altre parti del mondo per lavorare nelle piantagioni e nelle miniere, generando una vasta ricchezza per i capitalisti europei. L'istituzione della schiavitù non solo facilitò l'accumulazione di capitale attraverso l'estrazione di manodopera in eccesso, ma perpetuò anche gerarchie razziali e oppressione sistemica che continuano a colpire le società odierne.

Inoltre, Marx amplia il concetto di accumulazione primitiva per includere varie altre forme di espropriazione. Esamina le recinzioni di terre comuni in Scozia e Irlanda, dove le comunità furono sfrattate con la forza dalle loro terre ancestrali per far posto all'allevamento di pecore su larga scala e ad altre attività redditizie. Questi atti di espropriazione non solo sconvolsero i modi di vita tradizionali, ma concentrarono anche ricchezza e potere nelle mani di pochi privilegiati.

Oltre ai metodi diretti e violenti di espropriazione, Marx espone anche i meccanismi più sottili attraverso cui ha avuto luogo l'accumulazione primitiva. Elabora il ruolo del debito, delle tasse e dell'usura imposti ai contadini, che servivano a impoverirli ulteriormente e a consentire l'accumulazione di capitale da parte della classe dominante. Il quadro giuridico è stato spesso manipolato per favorire i capitalisti, assicurando la perpetuazione della loro ricchezza e del loro potere mentre reprimeva le masse.

Inoltre, Marx approfondisce la relazione tra accumulazione primitiva e sviluppo delle industrie capitalistiche. Sostiene che l'accumulazione massiccia di capitale ha permesso ai capitalisti di investire in macchinari, tecnologia e infrastrutture, portando alla rapida crescita delle industrie. Questo processo ha ulteriormente concentrato ricchezza e potere, poiché i capitalisti industriali hanno usurpato i mezzi di produzione e creato una classe operaia numerosa e sfruttabile.

In tutto questo lungo capitolo, Marx sottolinea che l'accumulazione primitiva era guidata dalla violenza, dalla coercizione e dallo sfruttamento. Ha gettato le basi per l'emergere del capitalismo concentrando ricchezza e potere nelle mani di pochi capitalisti e creando contemporaneamente una classe operaia numerosa e impoverita. Il segreto dietro l'accumulazione di capitale era l'espropriazione sistematica dei contadini, lo sfruttamento delle colonie, gli orrori della schiavitù, i meccanismi coercitivi del debito e il quadro giuridico che favoriva la classe dominante.

Espropriazione della popolazione agricola dalla terra:

Karl Marx approfondisce i processi storici che hanno portato all'espropriazione della popolazione agricola dalla terra, svelando l'interazione tra fattori economici, sociali e politici. Inizia sottolineando le contraddizioni intrinseche della società feudale che hanno preparato il terreno per il processo di espropriazione. Il feudalesimo, con la sua rigida struttura gerarchica e i ruoli sociali fissi, si è trovato sempre più incompatibile con il fiorente commercio e l'industria del sistema capitalista emergente. Con l'espansione del commercio e il fiorire dei centri urbani, la domanda di prodotti agricoli è cresciuta in modo esponenziale, segnalando la necessità di un settore agrario più efficiente e produttivo.

Per soddisfare questa crescente domanda, le pratiche agricole dovettero evolversi, rendendo necessari investimenti di capitale e progressi tecnologici che l'agricoltura contadina su piccola scala non poteva sostenere. In risposta, la terra iniziò a consolidarsi in tenute più grandi come mezzo per ottenere economie di scala. Il movimento di recinzione emerse come un catalizzatore significativo, in cui le terre comuni furono privatizzate, recintate e trasformate in domini esclusivi di proprietà privata. Questo processo di recinzione spinse la concentrazione della proprietà terriera e spodestò innumerevoli contadini dalle loro terre ancestrali, aprendo la strada all'agricoltura capitalista.

Marx sottolinea anche il ruolo strumentale che lo Stato e le istituzioni legali hanno svolto nell'espropriazione della popolazione agricola. Lo Stato, fungendo da strumento delle classi dominanti, ha avanzato leggi e politiche che proteggevano i diritti di proprietà dell'élite terriera e ne hanno consolidato la presa sulla terra e sulle risorse naturali. Questi quadri giuridici hanno consacrato l'espropriazione dei contadini, facendo apparire la loro esclusione dai mezzi di sussistenza come una conseguenza inevitabile del progresso. Lo Stato ha anche implementato misure coercitive per reprimere le rivolte contadine e salvaguardare gli interessi della classe capitalista emergente.

I progressi tecnologici hanno ulteriormente spinto questo processo alterando le fondamenta stesse della produzione agricola. L'introduzione di nuovi macchinari e tecniche agricole scientifiche ha aumentato notevolmente la produttività, rendendo obsoleti i tradizionali metodi di agricoltura di sussistenza. Tuttavia, questi nuovi metodi hanno avuto un costo elevato che il singolo contadino non poteva sopportare. Per modernizzarsi e rimanere competitivi, i contadini sono stati costretti a una graduale proletarizzazione, diventando dipendenti dal lavoro salariato e soggetti alle fluttuazioni di mercato che caratterizzavano il capitalismo.

Contrapponendo le comuni nozioni romantiche del contadino autosufficiente e indipendente, Marx sostiene che l'espropriazione non ha liberato ed emancipato i contadini, ma li ha invece trasformati in una popolazione espropriata e in surplus. Spogliati dei loro mezzi di produzione e autosufficienza, sono diventati interamente dipendenti dalla vendita della loro forza lavoro per sopravvivere. Questa dipendenza li ha resi vulnerabili a condizioni di lavoro sfruttatrici, bassi salari e occupazione precaria all'interno del settore industriale in continua espansione. La popolazione in surplus che è emersa come risultato dell'espropriazione avrebbe servito come un esercito di riserva costante di manodopera, assicurando un'abbondante fornitura di lavoratori e mantenendo i salari a livelli di sussistenza.

L'espropriazione della popolazione agricola dalla terra ha rimodellato il panorama sociale ed economico della società rurale, alterando fondamentalmente le dinamiche di classe. Attraverso questo processo, la classe capitalista ha consolidato il suo potere ottenendo il controllo sia sulla terra che sul lavoro. Il proletariato rurale è emerso come un gruppo espropriato ed emarginato, alle prese con la perdita dei propri mezzi di sostentamento tradizionali e le incertezze del mercato capitalista.

Legislazione contro gli espropriati, dalla fine del XV secolo:

Verso la fine del XV secolo, quando il modo di produzione capitalista cominciò a prendere il sopravvento, vennero implementate varie misure legislative per consolidare ulteriormente l'espropriazione della popolazione agricola dalla terra. Queste misure miravano principalmente a garantire la transizione senza intoppi dai rapporti feudali a quelli capitalistici e a stabilire le condizioni necessarie per l'accumulazione di capitale.

Uno degli aspetti chiave di questa legislazione fu l'introduzione delle recinzioni. Le recinzioni comportavano la recinzione di terreni comuni, che erano stati tradizionalmente disponibili per l'uso comune da parte della popolazione contadina. Attraverso il processo delle recinzioni, i contadini espropriati furono privati del loro accesso a queste terre comuni, portando al loro allontanamento dalle attività agricole.

Il movimento di recinzione fu avviato dai proprietari terrieri, che cercarono di aumentare i loro profitti convertendo i terreni arabili all'allevamento di pecore, che era più redditizio in quel periodo. Le leggi di recinzione, emanate dalle classi dominanti, consentirono ai proprietari terrieri di revocare i tradizionali diritti di accesso alle terre comuni e di stabilire diritti di proprietà privata su risorse precedentemente condivise.

Queste misure legislative imponevano anche sanzioni severe a coloro che violavano i nuovi diritti di proprietà. Furono introdotte sanzioni legali per dissuadere la popolazione rurale dal dedicarsi ad attività come la raccolta di legna da ardere o il pascolo dei propri animali su terreni recintati, criminalizzando di fatto le loro pratiche tradizionali. Queste leggi, in un certo senso, costringevano i contadini espropriati al sistema del lavoro salariato, poiché non avrebbero avuto altri mezzi per sostenersi.

Inoltre, vennero promulgate leggi per limitare il movimento della popolazione espropriata e per costringerla al lavoro salariato. Le leggi sul vagabondaggio, ad esempio, cercavano di garantire che i contadini sfollati non vagassero liberamente o si stabilissero altrove senza autorizzazione. Piuttosto, furono costretti a cercare impiego nel mercato emergente del lavoro salariato, poiché la dissoluzione dei rapporti feudali rendeva sempre più difficile per loro sostenersi con mezzi tradizionali.

La legislazione contro gli espropriati si estendeva oltre le semplici restrizioni economiche. Era accompagnata da una trasformazione morale e sociale che mirava a ridefinire i ruoli e le aspettative della popolazione rurale. I contadini espropriati erano ritratti come individui pigri e irresponsabili che avevano bisogno di disciplina e guida. Ciò portò alla creazione di workhouse e poorhouse dove potevano essere istituzionalizzati e sottoposti alla disciplina del lavoro.

Il processo di espropriazione e le misure legislative hanno avuto anche gravi conseguenze per il tessuto sociale delle comunità rurali. Le recinzioni hanno distrutto le forme tradizionali di vita comunitaria, smembrando le comunità e interrompendo le reti di supporto che le avevano sostenute per secoli. Con la perdita delle terre comunitarie, la vita del villaggio si è frammentata e i legami di solidarietà si sono indeboliti. Questa frammentazione ha ulteriormente isolato i contadini espropriati, rendendo ancora più difficile per loro resistere all'invasione del capitalismo.

Inoltre, la legislazione contro gli espropriati non è stata implementata in modo uniforme nelle diverse regioni. La natura specifica di queste leggi variava a seconda delle dinamiche di potere tra le élite locali e le classi dominanti. In alcuni casi, la legislazione è stata implementata in modo più tollerante, consentendo una transizione graduale per i contadini espropriati. Tuttavia, in altri casi, le leggi erano dure e oppressive, privando la popolazione espropriata dei propri diritti e sottoponendola a un maggiore sfruttamento.

Queste misure legislative, emanate dalla fine del XV secolo in poi, rappresentano un aspetto cruciale del processo di accumulazione primitiva. Esse furono determinanti nel trasformare il panorama sociale ed economico, segnando la transizione dal feudalesimo al capitalismo. L'emanazione di leggi contro gli espropriati giocò un ruolo fondamentale nel consolidare il potere e la ricchezza delle classi dominanti, alterando drasticamente la vita della popolazione rurale.

Un aspetto importante di questo quadro legislativo era il concetto di proprietà terriera. In precedenza, sotto il feudalesimo, la popolazione contadina aveva una relazione specifica con la terra, spesso lavorandola in cambio di protezione e di determinati diritti. Tuttavia, con l'emergere del capitalismo, il concetto di proprietà terriera divenne cruciale. La legislazione ideò rigide regole e regolamenti per definire e far rispettare la proprietà terriera, assicurando che i contadini espropriati non potessero reclamare le loro terre ancestrali o sfidare la nuova struttura di potere.

Inoltre, le misure legislative erano spesso accompagnate dalla minaccia di violenza e coercizione. Le classi dominanti locali, in associazione con la classe mercantile emergente, utilizzavano il potere statale per far rispettare le nuove leggi e reprimere qualsiasi resistenza. I contadini che sfidavano le recinzioni e le successive restrizioni affrontavano punizioni severe, come la prigione, la fustigazione o persino l'impiccagione. Le classi dominanti facevano affidamento su queste misure non solo per proteggere i propri interessi economici, ma anche per mantenere il controllo sociale e la stabilità di fronte alla crescente inquietudine.

Gli effetti di queste misure legislative non si limitarono solo all'ambito economico. Ebbero un profondo impatto anche sugli aspetti culturali e psicologici della popolazione espropriata. La perdita delle loro terre e dei loro modi di vita tradizionali fu accompagnata da una perdita di identità e scopo. I contadini espropriati si ritrovarono alienati dalle loro radici ancestrali, costretti a condizioni di lavoro non familiari e sfruttate e tagliati fuori dai legami sociali che in precedenza avevano fornito loro sostegno e sicurezza collettivi.

Con l'intensificarsi delle recinzioni, la popolazione rurale iniziò a sperimentare livelli elevati di povertà e indigenza. Molti contadini espropriati rimasero senza terra e senza alcun mezzo di sussistenza. Diventarono dipendenti dal mercato del lavoro salariato emergente, che era spesso instabile e sfruttatore. La legislazione contro gli espropriati svalutò di fatto la loro forza lavoro, rendendoli vulnerabili a bassi salari, lunghe ore di lavoro e terribili condizioni di vita.

L'attuazione della legislazione contro gli espropriati ebbe anche conseguenze durature per lo sviluppo delle relazioni di classe. Consolidando legalmente l'espropriazione della popolazione rurale, queste misure consolidarono la disuguaglianza sociale e stabilirono una netta divisione tra i proprietari e i non proprietari. Le classi dominanti, con il loro nuovo controllo sulla terra e sulle risorse, furono in grado di accumulare ricchezza e potere, mentre i contadini espropriati rimasero intrappolati in un ciclo di povertà e dipendenza.

Genesi del contadino capitalista:

Nella sua opera fondamentale, Marx sottolinea il significato della rivoluzione agricola in Inghilterra, che trascendeva un mero aumento della produttività e segnava un cambiamento fondamentale nell'organizzazione della produzione agricola. Questa rivoluzione ha comportato progressi nelle tecniche agronomiche, come la rotazione delle colture e l'allevamento selettivo del bestiame, portando a rese e produttività agricola migliorate. Tuttavia, Marx sottolinea che questi progressi sono stati sollecitati dalla ricerca del profitto da parte della classe capitalista piuttosto che dal miglioramento delle condizioni rurali.

Il movimento di recinzione diventa un punto cardine di analisi per Marx in quanto esemplifica come gli interessi della classe capitalista emergente abbiano plasmato la trasformazione della proprietà terriera e dell'uso del territorio. Attraverso la privatizzazione delle terre comuni e la recinzione dei campi agricoli, i grandi proprietari terrieri hanno consolidato i loro possedimenti e spinto i piccoli contadini in una posizione precaria. Marx sostiene che questo processo ha reciso i legami tradizionali tra contadini e terra, interrompendo reti comunitarie e di parentela di lunga data che avevano sostenuto le comunità rurali per generazioni.

Le recinzioni determinarono una popolazione in eccesso di contadini sfollati e braccianti rurali che furono sradicati dalle loro terre ancestrali. Senza mezzi di sussistenza, questi individui furono costretti a cercare lavoro nel settore industriale urbano in espansione. Marx conia il termine "esercito di riserva industriale" per descrivere questa popolazione in eccesso, sottolineando che la sua esistenza era cruciale per il sistema capitalista. Fornendo una riserva costante di manodopera disponibile e disperata, la popolazione in eccesso esercitò una pressione al ribasso sui salari e assicurò che ci fosse sempre una pronta fornitura di lavoratori per le imprese capitaliste.

Marx approfondisce la relazione di sfruttamento tra l'agricoltore capitalista emergente e la popolazione in surplus. L'agricoltore capitalista, possedendo notevoli quantità di terra e capitale, cercava di massimizzare la produttività e i profitti impiegando e sfruttando la popolazione in surplus. Pagavano salari bassi ed estraevano plusvalore dal lavoro dei loro lavoratori impiegati, esacerbando la difficile situazione del proletariato rurale e minando i mezzi di sostentamento dei piccoli agricoltori.

Inoltre, Marx chiarisce come l'ascesa dell'agricoltore capitalista fosse collegata allo sviluppo del sistema manifatturiero. L'agricoltura capitalista primitiva si basava sul settore manifatturiero per la fornitura di macchinari, utensili e altri input. La meccanizzazione dei processi manifatturieri ha facilitato l'intensificazione dell'agricoltura, portando a una maggiore produttività del lavoro, a operazioni agricole su larga scala e alla trasformazione della campagna. Questa relazione simbiotica tra agricoltura e manifattura ha ulteriormente consolidato il potere e l'influenza della classe capitalista emergente, che controllava entrambe le sfere.

Marx riconosce che la genesi del contadino capitalista ha portato alla rottura delle relazioni sociali ed economiche all'interno delle comunità rurali. I legami tradizionali tra contadini e terra, che fornivano un senso di identità, coesione comunitaria e stabilità, sono stati erosi dalle recinzioni e dall'emergere dei capitalisti in agricoltura. I piccoli agricoltori, spinti in posizioni vulnerabili e dipendenti, hanno perso la loro autonomia e sono diventati soggetti ai capricci dei contadini capitalisti.

Inoltre, Marx sottolinea la natura sfruttatrice dell'agricoltura capitalista e il suo contributo al processo di accumulazione primitiva. L'estrazione di plusvalore da parte degli agricoltori capitalisti ha contribuito a consolidare ricchezza e potere nelle mani della classe capitalista. Il plusvalore ottenuto dal lavoro agricolo è stato reinvestito nell'espansione delle loro proprietà terriere, nella meccanizzazione della produzione e nell'ulteriore sfruttamento della popolazione in eccesso, perpetuando un ciclo di accumulazione e sfruttamento del capitale.

Reazione della Rivoluzione agricola sull'industria. Creazione del mercato interno per il capitale industriale:

Per approfondire l'impatto profondo e multiforme della rivoluzione agricola sullo sviluppo del settore industriale e l'emergere del mercato interno per il capitale industriale, Marx inizia sottolineando il significato storico della rivoluzione agricola, che si è sviluppata nel corso del XVIII e XIX secolo. Questa fase trasformativa, innescata dai movimenti di recinzione, dall'adozione di nuovi macchinari e dai metodi di coltivazione scientifici, ha profondamente alterato la produzione e la distribuzione dei beni agricoli. La produttività è aumentata vertiginosamente, portando a un surplus di prodotti agricoli che hanno inondato il mercato.

Questo surplus, afferma Marx, divenne la forza trainante dietro la creazione del mercato interno per il capitale industriale. L'aumento della produzione agricola determinò una riduzione dei prezzi dei prodotti alimentari, migliorando sostanzialmente lo standard di vita dei lavoratori industriali. Con cibo a prezzi accessibili ora accessibile, i lavoratori potevano sostenersi adeguatamente e avevano più reddito disponibile da spendere in beni industriali.

I prodotti agricoli in surplus vennero rapidamente assorbiti dal fiorente settore industriale, creando di fatto un mercato in espansione per questi beni all'interno dell'economia nazionale. Questa domanda di prodotti industriali, unita all'espansione delle fabbriche e all'accumulazione di capitale, spinse la crescita del sistema capitalista. L'interdipendenza tra agricoltura e industria divenne un meccanismo cruciale nel modo di produzione capitalista, sostenendo il ciclo di produzione, distribuzione e consumo.

Marx approfondisce ulteriormente il ruolo dello Stato nel facilitare questo processo. La classe dirigente, composta da ricchi proprietari terrieri e industriali, esercitava il proprio potere politico per emanare una legislazione che favorisse gli interessi dei capitalisti industriali. Attraverso tariffe protettive, sussidi e altre forme di intervento statale, promuovevano e proteggevano la crescita del settore industriale. Inoltre, lo Stato svolgeva un ruolo attivo nell'espansione della produzione capitalista promuovendo lo sviluppo infrastrutturale, come la costruzione di reti di trasporto e sistemi di comunicazione, integrando ulteriormente diverse regioni e industrie.

Inoltre, Marx sottolinea gli aspetti coloniali inerenti a questo processo. Centrale per l'espansione del capitalismo era l'utilizzo delle colonie sia come fonti di materie prime sia come nuovi mercati per i beni industriali. Le potenze imperiali trassero profitto dal saccheggio delle colonie e dallo sfruttamento delle loro risorse, che svolsero un ruolo significativo nell'assicurare la continua accumulazione di capitale necessaria per l'impresa capitalista.

Tuttavia, Marx riconosce anche le contraddizioni insite in questo sistema. La rivoluzione agricola, pur essendo determinante nel guidare la crescita industriale, portò anche allo spostamento dei lavoratori rurali, alla distruzione dei tradizionali modi di agricoltura e al peggioramento delle condizioni di vita per molti. I movimenti di recinzione, che privatizzarono le terre comuni, crearono una classe di lavoratori senza terra che furono costretti a lavorare nelle fabbriche che emergevano nelle città industriali in espansione. Questo sfruttamento e spostamento contribuirono a far crescere tensioni e lotte di classe, alimentando in ultima analisi l'ascesa dei movimenti sindacali e del malcontento sociale.

Marx approfondisce l'analisi espandendo l'impatto della rivoluzione agricola sui contadini. I movimenti di recinzione e la crescente meccanizzazione dell'agricoltura hanno causato la perdita di terre e mezzi di sostentamento a un numero significativo di piccoli agricoltori, spingendoli verso i centri urbani in espansione. Questa migrazione di massa dei contadini verso le città ha creato un ampio bacino di manodopera a basso salario per il fiorente settore industriale. Il proletariato è quindi cresciuto in dimensioni, le sue difficoltà e il suo sfruttamento sono diventati carburante per i movimenti rivoluzionari che cercavano di abolire il capitalismo.

Inoltre, Marx esplora le conseguenze ecologiche della rivoluzione agricola. Il passaggio a metodi di coltivazione intensiva su larga scala, guidati da motivazioni di profitto capitaliste, ha portato a degrado ambientale, erosione del suolo e squilibri ecologici. L'enfasi sulla massimizzazione della produttività a breve termine senza considerare la sostenibilità a lungo termine del territorio ha portato all'esaurimento delle risorse naturali e alla perdita di biodiversità. Questi costi ecologici pongono sfide a lungo termine sia per il settore agricolo che per quello industriale e richiedono un approccio alla produzione più ecologicamente consapevole.

Genesi del capitalista industriale:

Marx sottolinea che l'espropriazione della popolazione rurale era una condizione necessaria per la formazione di una classe di lavoratori salariati, che avrebbero svolto un ruolo fondamentale nel modo di produzione capitalista industriale. Questi contadini senza terra, privati dei loro mezzi di sussistenza, divennero dipendenti dalla vendita della loro forza lavoro ai capitalisti per sopravvivere.

Il movimento di recinzione in sé è stato un significativo processo storico che ha rimodellato il paesaggio e le relazioni sociali. Prima delle recinzioni, la terra era spesso di proprietà collettiva e coltivata dalle comunità. Tuttavia, con l'ascesa della proprietà privata e il desiderio di pratiche agricole più efficienti, i beni comuni sono stati recintati e i contadini sono stati allontanati con la forza dalle loro terre ancestrali.

Questa espropriazione non solo privò i contadini dei loro mezzi di sostentamento, ma sconvolse anche il tessuto sociale tradizionale e le comunità che si erano evolute nel corso dei secoli. Il movimento di recinzione determinò una profonda trasformazione della campagna, poiché i grandi proprietari terrieri consolidarono i loro possedimenti, unendo appezzamenti più piccoli in tenute più grandi lavorate da lavoratori salariati, segnando l'inizio dell'agricoltura capitalista.

Mentre la popolazione rurale veniva espropriata, essa gravitava verso i fiorenti centri urbani, cercando lavoro nelle fabbriche emergenti. La rapida urbanizzazione determinò condizioni di vita sovraffollate e malsane per la classe operaia, il che stimolò movimenti per i diritti dei lavoratori, migliori condizioni di vita e, in ultima analisi, un cambiamento politico.

La concentrazione di persone nelle aree urbane ha facilitato la crescita di una classe operaia industriale. Questi lavoratori, senza mezzi di produzione o accesso alla terra, sono stati costretti a vendere la loro forza lavoro ai capitalisti che possedevano e controllavano i mezzi di produzione. Marx sostiene che questa trasformazione dei contadini in lavoratori salariati era una precondizione fondamentale per l'ascesa della produzione capitalistica.

Marx prosegue spiegando come la rivoluzione industriale, caratterizzata da progressi nei macchinari e nella tecnologia, abbia svolto un ruolo cruciale nella genesi del capitalista industriale. Lo sviluppo di nuovi processi di produzione, come l'uso dell'energia a vapore e la meccanizzazione della produzione tessile, ha portato a una maggiore produttività e a migliori economie di scala.

Con questi progressi tecnologici, i capitalisti trovarono più redditizio investire in macchinari, portando a un passaggio da piccole officine artigianali a fabbriche più grandi. L'introduzione dei macchinari non solo aumentò l'efficienza produttiva, ma rese anche necessaria manodopera specializzata, portando alla crescita della classe operaia come gruppo sociale distinto.

Tuttavia, il capitale necessario per investire in queste nuove tecnologie non era facilmente disponibile per tutti. Marx sottolinea che l'accumulazione di capitale, che serviva come base per gli sforzi capitalistici, era ottenuta attraverso lo sfruttamento delle classi lavoratrici. La forza lavoro dei lavoratori divenne una merce da comprare e vendere, consentendo ai capitalisti di estrarre plusvalore dal loro lavoro, arricchendosi ulteriormente.

L'accumulazione di capitale e lo sfruttamento del lavoro alimentarono un ciclo di ricerca del profitto ed espansione della produzione, che consolidò il potere della classe capitalista industriale. Man mano che si accumulava più capitale, i capitalisti potevano investire in ulteriori progressi tecnologici, portando a una continua intensificazione della produzione e a un'ulteriore concentrazione del potere economico.

Marx riconosce anche che l'ascesa del capitalista industriale non è stata un processo fluido o armonioso. Il processo di proletarizzazione, la trasformazione dei contadini in proletariato industriale, ha creato sconvolgimenti e conflitti sociali. I lavoratori si sono organizzati in sindacati, hanno avviato scioperi e hanno partecipato a movimenti politici per lottare per i propri diritti e migliorare le proprie condizioni di vita.

La lotta tra i capitalisti industriali e la classe operaia divenne una caratteristica distintiva della società capitalista. Marx sostiene che la contraddizione tra capitale e lavoro alla fine si intensificherebbe, portando a un'ulteriore lotta di classe e al potenziale per un cambiamento rivoluzionario.

Tendenza storica dell'accumulazione capitalista:

Nelle sue fasi iniziali, il capitalismo emerse nel contesto del feudalesimo, trasformando gradualmente le relazioni sociali e i modi di produzione esistenti. L'accumulazione di capitale iniziò con lo sfruttamento del lavoro e la recinzione delle terre comuni, che spodestò la popolazione agricola e la costrinse nei crescenti centri industriali.

L'avvento dei macchinari, alimentato dai progressi tecnologici, ha svolto un ruolo fondamentale nella crescita dell'accumulazione capitalistica. La rivoluzione industriale, che si è verificata in Gran Bretagna alla fine del XVIII secolo, ha segnato una svolta significativa nell'espansione della produzione capitalistica. L'introduzione dell'energia a vapore e della meccanizzazione ha rivoluzionato le industrie, portando alla rapida accumulazione di capitale.

Con lo sviluppo della produzione capitalista, divenne evidente che l'accumulazione di capitale non era limitata alla crescita dei singoli capitalisti. Piuttosto, aveva una dimensione sistemica che spingeva in avanti l'intera economia capitalista. Ciò si realizzava attraverso la spinta costante ad aumentare il plusvalore, che è la differenza tra il valore creato dai lavoratori e i salari che ricevono.

L'accumulazione capitalista è caratterizzata dalla continua espansione del processo di produzione, poiché i capitalisti cercano di aumentare i loro profitti. Questa espansione è spesso ottenuta attraverso la conquista di nuovi mercati. I capitalisti, spinti dagli imperativi della competizione e del profitto, attraversano i confini geografici e stabiliscono il predominio economico in varie regioni.

La conquista di nuovi mercati si estende anche al regno della finanza. Il capitale finanziario svolge un ruolo cruciale nell'accumulazione capitalista, poiché consente ai capitalisti di mobilitare capitale oltre i loro immediati processi di produzione.

L'ascesa della finanziarizzazione approfondisce ulteriormente la tendenza storica dell'accumulazione capitalista. Strumenti finanziari come azioni, obbligazioni, derivati e investimenti speculativi facilitano il flusso di capitale, consentendo una rapida accumulazione nel regno della finanza stessa.

Inoltre, l'accumulazione capitalista è segnata dall'espansione dei mercati attraverso il colonialismo e l'imperialismo. La ricerca di nuovi mercati e fonti di materie prime spinge i capitalisti ad espandere le loro operazioni a livello globale, spesso attraverso la colonizzazione e lo sfruttamento di altre nazioni. Ciò non solo fornisce un nuovo sbocco per la produzione in surplus, ma consente anche l'estrazione di manodopera e risorse a basso costo, alimentando ulteriormente il processo di accumulazione.

Tuttavia, accanto a queste tendenze di espansione, l'accumulazione capitalista genera anche le sue contraddizioni e crisi. Nel tempo, l'accumulazione di capitale porta alla sovrapproduzione, poiché l'offerta di beni supera la domanda. Ciò crea una crisi di realizzazione, in cui i capitalisti lottano per vendere i loro prodotti e realizzare il loro valore accumulato. Questa contraddizione è esacerbata in condizioni di sottoconsumo, in cui la classe operaia non riesce a ricevere salari adeguati per acquistare le merci prodotte.

Inoltre, lo sfruttamento del lavoro e la crescente disuguaglianza tra la classe capitalista e la classe operaia possono portare a disordini sociali e politici. Il proletariato, la classe dei lavoratori salariati, diventa consapevole del suo sfruttamento e inizia a organizzarsi e a lottare per i suoi diritti. Questa lotta di classe, a volte, minaccia le fondamenta stesse dell'accumulazione capitalista.

Inoltre, i singoli capitalisti tendono ad accumulare capitale a un ritmo sempre crescente, rafforzando la tendenza alla concentrazione e alla centralizzazione. Con l'intensificarsi della concorrenza, i capitalisti più piccoli vengono estromessi dal mercato, venendo assorbiti da capitali più grandi o finendo in bancarotta. Questo processo determina la concentrazione di ricchezza e potere nelle mani di pochi capitalisti dominanti, portando alla formazione di monopoli e oligopoli.

Questa concentrazione di capitale porta anche a una forma di finanziarizzazione nota come capitale finanziario monopolistico. L'interazione tra monopoli giganti e capitale finanziario crea una rete di potere economico e controllo. Il settore finanziario diventa sempre più interconnesso con l'economia reale, sfruttando il capitale per estrarre valore da vari settori, a volte dando luogo a bolle speculative e crisi finanziarie.

Inoltre, l'ascesa dell'imperialismo e della globalizzazione nel XIX e XX secolo ha ulteriormente ampliato la portata e la portata dell'accumulazione capitalista. Sono state stabilite reti globali di produzione e distribuzione, consentendo il flusso di capitale e risorse attraverso i confini. Questa globalizzazione ha consentito lo sfruttamento della manodopera a basso costo nei paesi in via di sviluppo, portando all'emergere di multinazionali che trascendono i confini nazionali.

Nell'era contemporanea, le politiche neoliberiste e la deregolamentazione hanno alimentato la tendenza storica dell'accumulazione capitalista. I governi di tutto il mondo hanno abbracciato ideologie di libero mercato, facilitando il flusso incontrollato di capitale e lo smantellamento dei sistemi di welfare sociale. Ciò ha portato all'esacerbazione della disuguaglianza di reddito, poiché i ricchi consolidano la ricchezza, mentre la classe operaia lotta per arrivare a fine mese.

Inoltre, i progressi tecnologici, in particolare nel campo della digitalizzazione e dell'automazione, hanno ulteriormente accelerato il ritmo dell'accumulazione capitalista. Settori come l'intelligenza artificiale, la robotica e la gig economy hanno trasformato radicalmente la natura del lavoro e delle relazioni sindacali, consentendo ai capitalisti di estrarre un valore maggiore da un minor numero di lavoratori.

Tuttavia, mentre l'accumulazione capitalista continua ad espandersi, essa affronta anche sfide e contraddizioni immense. La crisi ecologica, compresi i cambiamenti climatici e il degrado ambientale, rappresenta una minaccia significativa per la sostenibilità a lungo termine del modo di produzione capitalista. La ricerca del profitto spesso avviene a costo della distruzione ambientale e dell'esaurimento delle risorse finite.

Inoltre, le contraddizioni all'interno del sistema capitalista, come la tendenza intrinseca alla sovrapproduzione e allo sfruttamento del lavoro, creano instabilità sociale e disordini politici. In tempi di crisi economica, queste contraddizioni si intensificano, portando a periodi di recessione, disoccupazione e sconvolgimenti sociali.

Per mitigare queste contraddizioni, i capitalisti e i loro governi spesso implementano varie strategie, come le politiche economiche keynesiane, le disposizioni di welfare o persino le guerre imperialistiche. Tuttavia, queste misure servono solo come toppe temporanee che non affrontano le cause profonde delle contraddizioni intrinseche dell'accumulazione capitalista.

La teoria moderna della colonizzazione:

Il motivo principale della colonizzazione, secondo Marx, è l'estrazione di plusvalore dai territori colonizzati. Le colonie diventano fonti vitali di materie prime, consentendo ai capitalisti di sfruttare la ricchezza naturale di queste terre per il proprio guadagno economico. L'insaziabile appetito di risorse incoraggia le potenze colonizzatrici a espandere i propri territori, portando a conquiste territoriali, spesso eufemisticamente giustificate come "missioni civilizzatrici" o diffusione del progresso e della modernizzazione.

Marx esamina ulteriormente l'impatto della colonizzazione sulle popolazioni colonizzate. Sostiene che il colonialismo sconvolge i tradizionali modi di produzione e le strutture sociali profondamente radicate, spesso portando allo spostamento e alla sottomissione delle comunità indigene. Questa interruzione non è solo un fenomeno economico, ma ha anche ramificazioni sociali e culturali di vasta portata. Le società colonizzate subiscono una profonda trasformazione, con le loro identità culturali erose, i loro costumi e le loro credenze indeboliti e il loro lavoro sfruttato.

Inoltre, Marx sottolinea la natura sfruttatrice delle relazioni coloniali. Le dinamiche di potere ineguali tra colonizzatori e colonizzati perpetuano il dominio della classe capitalista, con le popolazioni native spesso ridotte a una posizione di sottomissione. I colonizzatori sfruttano il lavoro e le risorse delle colonie per accumulare ricchezza e rafforzare il loro controllo economico e politico, perpetuando un ciclo di oppressione.

La colonizzazione genera anche una complessa interazione di dinamiche di razza, classe e genere. L'imposizione di ideali occidentali di bellezza, intelligenza e moralità può portare a un razzismo interiorizzato tra le popolazioni colonizzate, portando alla stratificazione interna delle società basata su gerarchie razziali. Allo stesso tempo, le donne delle comunità colonizzate soffrono di una forma specifica di oppressione poiché spesso sopportano il peso sia delle strutture patriarcali all'interno delle loro comunità sia delle dinamiche di potere oppressive imposte dai colonizzatori.

Tuttavia, Marx riconosce anche le contraddizioni insite nella colonizzazione. Da un lato, la colonizzazione espande la portata del capitalismo, facilitando l'accumulazione di capitale e creando nuove opportunità di profitto. Dall'altro lato, espone le contraddizioni insite nel sistema capitalista stesso. Il processo stesso di colonizzazione spesso porta a disordini sociali, movimenti di resistenza e conflitti tra potenze imperiali che competono per territori, risorse e mercati.

Inoltre, Marx avverte che il progetto coloniale non è sostenibile a lungo termine. La ricerca incessante di profitti attraverso lo sfruttamento e il disprezzo per il benessere e l'autonomia delle popolazioni colonizzate alla fine seminano i semi della resistenza. Marx prevede che le potenze imperiali, spinte dalle loro contraddizioni interne, affronteranno sfide mentre le popolazioni sfruttate si ribellano ai loro oppressori, chiedendo liberazione e autodeterminazione.

Questa resistenza, sostiene Marx, non è limitata alle sole popolazioni colonizzate. Anche la classe operaia nelle nazioni colonizzatrici diventa sempre più consapevole del suo sfruttamento da parte della borghesia, portando all'emergere di movimenti di solidarietà che sfidano il sistema oppressivo della colonizzazione. Questi movimenti collegano le lotte dei lavoratori nelle metropoli con le lotte dei colonizzati, comprendendo l'interconnessione dello sfruttamento capitalista.

Capitolo XII
L'IMPATTO DEL CAPITALE SUI SISTEMI ECONOMICI

Uno dei contributi chiave di "Capitale" fu la teoria del valore-lavoro di Marx, che rivoluzionò la comprensione del valore e della distribuzione all'interno delle economie capitaliste. Mentre economisti classici come Adam Smith e David Ricardo avevano riconosciuto che il lavoro era una fonte di valore, Marx portò questa nozione a un nuovo livello. Sostenne che il valore di una merce è determinato non solo dalla quantità di lavoro richiesta per la sua produzione, ma anche dal tempo di lavoro socialmente necessario. È questo tempo di lavoro socialmente necessario che determina il valore perché riflette il livello medio di produttività prevalente nella società.

Sottolineando il ruolo centrale del lavoro nella creazione di valore, Marx ha reindirizzato l'analisi economica dal regno dell'utilità soggettiva e dei prezzi di mercato. Questo allontanamento dall'ortodossia prevalente ha fatto luce non solo sugli aspetti economici della produzione, ma anche sulle relazioni sociali e di classe che sostengono la produzione capitalista. La teoria del valore del lavoro di Marx ha fornito una base teorica per analizzare lo sfruttamento all'interno delle economie capitaliste, evidenziando la contraddizione tra il valore creato dai lavoratori e il profitto di cui godono i proprietari capitalisti.

Inoltre, la teoria del valore-lavoro di Marx ha ispirato un vivace dibattito tra gli economisti. Alcuni critici hanno sostenuto che il lavoro non dovrebbe essere l'unico determinante del valore, evidenziando l'importanza delle preferenze soggettive, della scarsità e delle dinamiche di mercato. Tuttavia, altri hanno cercato di incorporare il lavoro come componente essenziale del valore all'interno di quadri più sfumati. Questi dibattiti hanno portato allo sviluppo di teorie alternative del valore, come la teoria marginalista, che considera sia l'utilità soggettiva che i costi di produzione.

Partendo dalla nozione di valore, Marx si è addentrato nel concetto di plusvalore, che sosteneva essere la dinamica fondamentale che guida l'accumulazione capitalista. Il plusvalore è il valore prodotto dai lavoratori che eccede i loro bisogni di sussistenza e che viene appropriato dai capitalisti come profitto. L'analisi di Marx sullo sfruttamento dei lavoratori e l'estrazione del plusvalore ha trovato forte riscontro in un crescente gruppo di socialisti e attivisti sindacali, fornendo una base intellettuale per le critiche allo sfruttamento e alla disuguaglianza capitalista.

L'esplorazione del plusvalore da parte di Marx ha anche fatto luce sulla natura della lotta di classe all'interno delle società capitaliste. Ha sostenuto che la ricerca del profitto e le contraddizioni intrinseche della produzione capitalista portano a conflitti tra la classe operaia e la classe capitalista. L'estrazione del plusvalore dai lavoratori porta inevitabilmente alla concentrazione di ricchezza e potere nelle mani della classe capitalista, perpetuando un sistema sfruttatore e ineguale. Questa analisi ha spinto gli studiosi a esaminare il ruolo della classe nel plasmare la società, portando allo sviluppo di teorie come la lotta di classe, la coscienza di classe e la mobilità di classe.

Inoltre, lo studio di Marx sul modo di produzione capitalista ha anche dato origine al suo concetto di alienazione, che ha messo a nudo le conseguenze sociali e psicologiche dello sfruttamento capitalista. Secondo Marx, nel capitalismo, i lavoratori sono alienati dai prodotti del loro lavoro, dal processo di produzione e persino dalla loro stessa natura umana essenziale. Questa alienazione non solo si traduce nel degrado delle vite dei lavoratori, ma perpetua anche un sistema che dà priorità al profitto rispetto al benessere e alla realizzazione umana.

La critica di Marx all'alienazione capitalista continua a risuonare nelle discussioni contemporanee sulla natura del lavoro, la gig economy e l'impatto dell'automazione. Mentre le società si confrontano con preoccupazioni relative all'insicurezza lavorativa, all'equilibrio tra lavoro e vita privata e all'erosione dei diritti dei lavoratori, l'analisi di Marx fornisce una prospettiva critica che sfida la nozione di lavoro come attività puramente economica, sottolineando l'importanza di un lavoro significativo e appagante.

Inoltre, l'analisi di Marx delle contraddizioni interne del capitalismo e della sua tendenza alle crisi ha profondamente influenzato la teoria macroeconomica. La sua esposizione dell'instabilità intrinseca e della natura ciclica delle economie capitaliste, radicata nella sovrapproduzione e nel sottoconsumo, può essere vista come un precursore delle idee successive sulla recessione economica e sul ciclo economico. Il lavoro di Marx ha anche spinto gli economisti a esaminare il ruolo dello Stato nell'attenuare o esacerbare le crisi economiche attraverso politiche monetarie e fiscali.

L'impatto del "Capitale" di Marx si estende oltre la sola economia. L'opera ha ispirato generazioni di studiosi di varie discipline, tra cui sociologia, scienze politiche, storia e filosofia, a confrontarsi con le complesse dinamiche e conseguenze delle economie capitaliste. L'analisi di Marx del capitalismo come sistema sociale e storico è vista come un contributo fondamentale alla critica più ampia dei modi di produzione capitalistici, della disuguaglianza sociale e del ruolo della lotta di classe nel plasmare la società.

Capitolo XIII
INFLUENZA SUI PENSATORI ECONOMICI

Uno degli impatti più significativi e duraturi del "Capitale: Volume I" di Karl Marx è la profonda influenza che ha avuto sui pensatori economici e sulle scuole di pensiero nel corso degli anni. Anche se le idee di Marx sono state inizialmente accolte con scetticismo e critiche da alcuni, il suo lavoro ha innegabilmente plasmato il campo dell'economia in numerosi modi, sia direttamente che indirettamente.

Uno degli impatti chiave di "Capital" è il modo in cui ha sfidato e ispirato i pensatori economici a mettere in discussione il sistema economico esistente. La critica di Marx al capitalismo come modo di produzione e la sua analisi delle sue contraddizioni intrinseche hanno stimolato dibattiti e approcci alternativi per comprendere il funzionamento dell'economia. Studiosi ed economisti, anche quelli che non sono necessariamente d'accordo con tutti gli aspetti dell'analisi di Marx, sono stati influenzati dalle sue intuizioni stimolanti.

Il lavoro di Marx ha avuto un impatto significativo sullo sviluppo dell'economia marxista. Ha gettato le basi per la teoria economica marxista, che cerca di comprendere e analizzare le dinamiche del capitalismo da una prospettiva basata sulla classe. Gli economisti marxisti hanno costruito sulle idee di Marx, sviluppando quadri sofisticati per comprendere la relazione tra lotta di classe, sfruttamento e sistemi economici. Hanno esplorato varie dimensioni del lavoro di Marx, come la teoria del valore-lavoro, che suggerisce che il valore di una merce è determinato dal tempo di lavoro socialmente necessario richiesto per la sua produzione. Sebbene questa teoria sia stata oggetto di critiche, rimane un aspetto fondamentale dell'economia marxista.

Il concetto di plusvalore, introdotto da Marx nel "Capitale", ha avuto un impatto duraturo sul pensiero economico. Il plusvalore si riferisce all'estrazione di valore da parte dei capitalisti dal lavoro dei lavoratori. Questo concetto ha servito come base teorica per la teoria del valore del lavoro, un aspetto importante dell'economia marxista. Tuttavia, ha anche ricevuto critiche e dibattiti da altre scuole di pensiero. Alcuni sostengono che trascura altri fattori, come la domanda e l'offerta, che determinano il valore di beni e servizi in un'economia di mercato. Tuttavia, il concetto di plusvalore ha influenzato le discussioni sulla distribuzione del reddito, lo sfruttamento del lavoro e le dinamiche di potere all'interno delle economie capitaliste.

Anche l'analisi di Marx sulla tendenza del capitalismo verso crisi e recessioni economiche ha avuto un'influenza considerevole. Ha sostenuto che il capitalismo è incline a boom e crisi, guidati dalle contraddizioni interne del sistema. Questa nozione è stata ulteriormente esplorata e sviluppata da economisti successivi. L'economia keynesiana, ad esempio, si basa sull'analisi di Marx sottolineando il ruolo della domanda aggregata e la necessità di un intervento governativo per stabilizzare l'economia durante i periodi di recessione. L'analisi di Marx delle crisi economiche ha anche contribuito allo sviluppo dell'economia finanziaria, poiché i ricercatori cercano di comprendere i rischi sistemici e le vulnerabilità all'interno delle strutture economiche contemporanee.

Inoltre, il lavoro di Marx ha influenzato lo sviluppo di teorie e prospettive economiche alternative al di là del regno del marxismo. La sua analisi dello sfruttamento e della disuguaglianza ha ispirato economisti di varie tradizioni a incorporare queste questioni nelle proprie analisi. Ad esempio, gli economisti istituzionali si concentrano sul ruolo dei fattori sociali e istituzionali nel plasmare i risultati economici, spesso attingendo alle intuizioni di Marx per comprendere le dinamiche di potere e la disuguaglianza all'interno dell'economia. Anche gli economisti femministi hanno attinto all'analisi di Marx per esaminare come il genere si interseca con la classe per produrre diverse forme di sfruttamento e discriminazione.

La critica di Marx al capitalismo ha anche stimolato dibattiti sul ruolo dello Stato nella regolamentazione dell'economia. Mentre Marx sosteneva il rovesciamento del sistema capitalista, la sua analisi dello Stato come strumento della classe dirigente ha influenzato varie prospettive sull'intervento e la regolamentazione statale. Alcuni economisti sostengono uno Stato più interventista che possa affrontare i fallimenti del mercato e mitigare le disuguaglianze, mentre altri sostengono un approccio più laissez-faire che consenta ai mercati di funzionare più liberamente. Questi dibattiti continuano a plasmare le politiche economiche e le discussioni sul ruolo del governo negli affari economici.

Sebbene l'influenza del "Capitale" sia innegabile, è importante notare che non tutti gli economisti e le scuole di pensiero abbracciano le idee di Marx con tutto il cuore. Ci sono state e continuano a esserci critiche e disaccordi riguardo a certi aspetti dell'analisi di Marx, come la sua teoria del valore-lavoro o le sue previsioni sull'inevitabile crollo del capitalismo. Studiosi ed economisti di diverse prospettive si impegnano in dibattiti in corso, affinando e sfidando le idee di Marx alla luce di nuove prove empiriche e mutevoli condizioni economiche.

Tuttavia, non si può negare che "Il Capitale" abbia lasciato un segno indelebile sui pensatori economici e sui dibattiti in corso nel campo. L'eredità del pensiero di Marx continua a plasmare il discorso economico e a contribuire alla nostra comprensione del capitalismo e dei sistemi economici alternativi.

Capitolo XIV
CRITICHE E CONTROVERSIE

Una critica comune a "Il Capitale" è che semplifica eccessivamente i sistemi economici del mondo reale. L'attenzione di Marx sulla teoria del valore-lavoro e la sua insistenza sullo sfruttamento della classe operaia sono state contestate da vari economisti. I critici sostengono che l'analisi di Marx non riesce a spiegare il ruolo dell'imprenditorialità, dell'assunzione di rischi e dell'innovazione nelle economie capitaliste. Sostengono che la sua enfasi sul lavoro trascuri altri fattori cruciali che guidano la crescita e lo sviluppo economici.

Ad esempio, economisti austriaci come Friedrich Hayek e Ludwig von Mises hanno criticato la teoria del valore-lavoro di Marx, affermando che non riconosce la natura soggettiva del valore. Sostengono che il valore non è determinato solo dalla quantità di lavoro investita, ma anche dalle preferenze soggettive e dalle valutazioni degli individui nel mercato. Secondo questa prospettiva, la libera interazione di acquirenti e venditori nel mercato determina prezzi e valori, piuttosto che una teoria del lavoro predeterminata.

Inoltre, i critici sostengono che l'analisi di Marx non considera adeguatamente il ruolo dell'accumulazione di capitale e degli investimenti nella promozione della produttività e della crescita economica. Sostengono che imprenditori e capitalisti svolgono ruoli vitali nell'allocazione efficiente delle risorse e nella guida del progresso tecnologico, che in ultima analisi avvantaggia la società nel suo complesso. Minimizzando il significato di questi contributi, il quadro di Marx ignora importanti dinamiche all'interno delle economie capitaliste.

Un'altra critica riguarda le previsioni di Marx sull'inevitabile crollo del capitalismo. Molti sostengono che la storia gli ha dato torto, poiché le economie capitaliste hanno continuato a prosperare ed evolversi nel tempo. I sostenitori del capitalismo affermano che la sua capacità di adattarsi e innovare gli ha permesso di sopravvivere e prosperare, contraddicendo l'affermazione di Marx secondo cui le società capitaliste sono intrinsecamente instabili.

I critici spesso sottolineano la crescita economica sostenuta e gli standard di vita in aumento osservati nelle società capitaliste avanzate, in particolare durante il periodo successivo alla seconda guerra mondiale. Sostengono che la flessibilità del capitalismo, la capacità di rispondere alle richieste dei consumatori e la capacità di generare ricchezza da reinvestire hanno contribuito alla sua resilienza. Questa resilienza, sostengono, sfida la previsione di Marx sulla caduta del capitalismo e la successiva istituzione di un sistema comunista.

I critici hanno anche sollevato preoccupazioni sulle implicazioni pratiche delle idee di Marx. Alcuni sostengono che l'implementazione delle soluzioni da lui proposte, come l'abolizione della proprietà privata e l'istituzione di una società senza classi, porterebbe a regimi autoritari e all'erosione delle libertà individuali. Evidenziano i fallimenti dei regimi comunisti nel XX secolo, dove i tentativi di implementare i principi marxisti hanno portato a diffuse violazioni dei diritti umani, inefficienze economiche e repressione politica.

Inoltre, "Il Capitale" è stato accusato di non avere prove empiriche a supporto delle sue affermazioni. Alcuni economisti sostengono che Marx si affida pesantemente a ipotesi teoriche e ragionamenti deduttivi senza dati empirici sostanziali a supporto delle sue affermazioni. Criticano l'assenza di esempi concreti e analisi statistiche nel suo lavoro, sollevando dubbi sulla validità scientifica delle teorie economiche di Marx.

I critici sottolineano spesso che l'assenza di prove empiriche limita la verifica empirica o la falsificazione delle previsioni di Marx. Senza una solida base empirica, diventa difficile valutare la validità nel mondo reale delle sue idee e la loro applicabilità a diversi contesti storici.

È anche importante riconoscere la controversia che circonda l'interpretazione e l'applicazione delle idee di Marx. Nel tempo, diversi pensatori e movimenti politici hanno adottato e adattato le teorie di Marx per adattarle ai propri programmi. Ciò ha portato a interpretazioni diverse e all'emergere di scuole di pensiero concorrenti all'interno dell'economia marxista. Queste divisioni ideologiche hanno alimentato dibattiti e dispute tra studiosi, rendendo difficile raggiungere un consenso sul vero significato e sulle implicazioni del "Capitale".

Capitolo XV
ASCENDENZA IN ALTRI CAMPI DELL'ECONOMIA

Un campo che è stato profondamente influenzato dalle idee esposte in "Capitale" è la sociologia. L'analisi di Marx del modo di produzione capitalista, delle sue contraddizioni intrinseche e dei suoi effetti sulle relazioni sociali ha fornito una solida base ai sociologi per esaminare le complesse dinamiche della lotta di classe, dell'alienazione e della disuguaglianza. I concetti e le idee sposati in "Capitale" hanno svolto un ruolo fondamentale nei quadri teorici volti a comprendere e criticare le strutture sociali e le dinamiche di potere, plasmando così il pensiero e la ricerca sociologica in modi profondi.

In sociologia, il concetto di lotta di classe di Marx è stato ampiamente esplorato, con studiosi che si sono basati sul suo lavoro per analizzare le dinamiche di classe contemporanee. Dallo sviluppo della coscienza di classe all'esplorazione dell'intersezionalità della classe con altre forme di identità sociale, "Il Capitale" ha facilitato esami sfumati delle disuguaglianze sociali. I sociologi contemporanei hanno attinto al quadro di Marx per analizzare la rinascita della politica populista, l'impatto della globalizzazione sui mercati del lavoro e la persistenza della stratificazione sociale, espandendo continuamente le fondamenta gettate da "Il Capitale".

Inoltre, l'influenza di "Capitale" si estende ai regni della scienza politica e della teoria politica. L'analisi di Marx del capitalismo come sistema perpetuamente guidato dal conflitto di classe e dallo sfruttamento del lavoro ha plasmato in modo significativo la comprensione dei teorici politici delle relazioni di potere e del ruolo dello Stato. In "Capitale", Marx approfondisce la base economica e la sua interazione con la sovrastruttura, fornendo un quadro per comprendere la relazione tra economia e politica.

Gli scienziati politici hanno abbracciato le intuizioni di Marx per analizzare vari aspetti dei sistemi politici, come il ruolo del denaro nelle elezioni, l'influenza delle élite economiche sul processo decisionale e le dinamiche dei movimenti sociali che sostengono il cambiamento sistemico. Dall'esplorazione degli effetti del neoliberismo sulla democrazia all'esame degli esperimenti socialisti in tutto il mondo, "Capital" ha costantemente informato i dibattiti sui sistemi economici alternativi, sui movimenti politici e sulla distribuzione del potere.

Inoltre, l'influenza del "Capitale" si estende al regno della storia. L'analisi di Marx del materialismo storico e il suo esame delle fasi dello sviluppo sociale hanno avuto un profondo impatto sugli storici nella loro comprensione del cambiamento economico, della lotta di classe e dei movimenti rivoluzionari. Il quadro economico esposto nel "Capitale" offre agli storici un potente strumento per interpretare eventi e processi storici, arricchendo l'analisi storica e fornendo intuizioni cruciali sull'interazione tra strutture economiche e sviluppi storici.

Gli storici che hanno tratto spunto da "Capital" hanno approfondito diversi argomenti, come il ruolo dell'imperialismo nell'espansione del capitalismo, l'impatto dell'industrializzazione sui movimenti della classe operaia e le lotte per la decolonizzazione. Chiarificando le forze economiche in gioco nei contesti storici, "Capital" ha permesso agli storici di confrontarsi criticamente con le condizioni materiali che guidano il cambiamento sociale, portando a una comprensione più completa delle complesse interconnessioni tra sistemi economici ed eventi storici.

Inoltre, l'influenza espansiva di "Capitale" ha permeato il campo degli studi culturali. L'esplorazione di Marx del feticismo delle merci e degli effetti disumanizzanti del capitalismo ha avuto un profondo impatto sui teorici che esaminano l'influenza della cultura dei consumi, della pubblicità e dei media sugli individui e sulla società. Basandosi sulla lente critica fornita da "Capitale", i critici culturali hanno esaminato le dimensioni culturali e ideologiche del capitalismo, facendo luce sui modi in cui il capitalismo plasma i modelli di produzione e consumo culturali, portando a una comprensione più profonda dell'impatto del capitalismo sulla cultura in generale.

Gli studiosi di studi culturali hanno applicato i concetti di alienazione, ideologia ed egemonia culturale da "Capital" per analizzare varie forme di media, cultura popolare ed espressioni artistiche. Dall'esame dell'influenza del consumismo sulla formazione dell'identità all'indagine dei movimenti sociali come fenomeni culturali, "Capital" continua a ispirare la ricerca interdisciplinare che esplora la relazione tra capitalismo, cultura, potere e resistenza.

Oltre ai confini delle discipline tradizionali, il "Capitale" di Marx ha anche apportato contributi significativi al campo dell'ecologia e degli studi ambientali. Il modo di produzione capitalista, con la sua incessante ricerca del profitto, è stato spesso associato al degrado ambientale, all'esaurimento delle risorse e allo sfruttamento ecologico. Gli studiosi che hanno tratto spunto dall'analisi di Marx nel "Capitale" hanno cercato di comprendere le implicazioni ecologiche del capitalismo ed esplorare modelli alternativi che diano priorità alla sostenibilità ambientale e all'equità.

Capitolo XVI
MARX, POLITICA E RIFORME ECONOMICHE

I concetti e le teorie esposti da Marx nel "Capitale" sono stati utilizzati per dare forma a politiche economiche, normative e riforme volte ad affrontare le disuguaglianze socio-economiche e a promuovere un'equa distribuzione della ricchezza.

Una delle idee chiave esplorate in "Capital" è la nozione di sfruttamento derivante dal modo di produzione capitalista. Marx sostiene che i capitalisti, che possiedono i mezzi di produzione, estraggono plusvalore dal lavoro della classe operaia, portando a un divario di ricchezza sempre più ampio tra borghesia e proletariato. Questa dinamica di sfruttamento è stata un catalizzatore per i decisori politici e i riformatori sociali nel sostenere misure che regolano il potere dei capitalisti e proteggono gli interessi della classe operaia.

L'influenza del "Capitale" sul processo decisionale può essere osservata in vari ambiti, con alcuni governi e società che adottano politiche che mirano ad affrontare le questioni sistemiche sollevate da Marx. Politiche come le leggi sul salario minimo, i sistemi di tassazione progressiva e i programmi di assistenza sociale sono spesso radicati nelle idee presentate nel "Capitale". Queste politiche cercano di ridistribuire la ricchezza, garantire salari equi e fornire una rete di sicurezza per i membri più vulnerabili della società.

Inoltre, "Capital" ha anche svolto un ruolo significativo nel dare forma alle riforme economiche. Le critiche al capitalismo e le richieste di un sistema economico più egualitario hanno stimolato movimenti e riforme mirati a sfidare lo status quo. Ad esempio, l'implementazione dei diritti e delle tutele del lavoro, l'istituzione di sindacati e la regolamentazione delle pratiche monopolistiche possono essere tutti collegati all'influenza di "Capital" sulle riforme economiche.

L'impatto di "Capital" si estende oltre l'elaborazione delle politiche e nelle ideologie economiche. Le idee presentate nel libro hanno influenzato vari movimenti socialisti e comunisti, che hanno cercato di stabilire sistemi economici basati sulla proprietà collettiva dei mezzi di produzione. Questi movimenti spesso sostengono la nazionalizzazione o la democratizzazione delle industrie, ispirandosi alla critica di Marx alla proprietà privata e allo sfruttamento capitalista.

Inoltre, l'influenza di "Capitale" non è stata limitata a periodi di tempo specifici. Continua a plasmare i dibattiti in corso sulla disuguaglianza di reddito, la ridistribuzione della ricchezza e il ruolo dello Stato negli affari economici. I pensatori e gli studiosi marxisti hanno costruito sul lavoro di Marx, elaborando ulteriormente concetti come alienazione, mercificazione e la natura intrinsecamente instabile del capitalismo. Queste idee continuano a essere influenti nel plasmare quadri economici e dibattiti in tutto il mondo.

Tuttavia, è essenziale riconoscere che l'influenza di "Capital" non è priva di controversie e opposizioni. I critici sostengono che le teorie di Marx non riescono a spiegare le complessità e le sfumature delle economie del mondo reale. Sostengono che il capitalismo non regolamentato promuove l'innovazione, la crescita economica e la libertà individuale. Sono emerse varie scuole di pensiero economico per sfidare o controbilanciare le idee presentate in "Capital", come l'economia keynesiana, che enfatizza il ruolo dell'intervento governativo per stabilizzare le economie.

Nonostante le critiche, l'eredità del "Capitale" nell'elaborazione delle politiche e nelle riforme economiche rimane significativa. Ha scatenato discussioni critiche sulla disuguaglianza della ricchezza, sullo sfruttamento e sui difetti strutturali del capitalismo. L'analisi di Marx delle contraddizioni intrinseche del capitalismo, come la tendenza alla sovrapproduzione e alle crisi economiche, si è dimostrata lungimirante in diversi casi storici. La Grande Depressione degli anni '30 e la crisi finanziaria globale del 2008, ad esempio, hanno spinto i decisori politici a rivalutare il ruolo della regolamentazione e dell'intervento governativo nelle economie capitaliste.

D'altra parte, "Capital" ha influenzato anche il campo dell'economia politica. Ha ispirato la ricerca interdisciplinare che combina intuizioni di economia, sociologia e scienze politiche per comprendere la complessa interazione tra strutture economiche e dinamiche di potere. Questo approccio multidisciplinare approfondisce la nostra comprensione di come le politiche economiche siano influenzate da fattori sociali e politici, evidenziando la necessità di un'analisi olistica dei sistemi economici.

Le idee presentate in "Capital" hanno trovato riscontro nei movimenti per la giustizia sociale e nelle comunità emarginate. L'attenzione del libro sullo sfruttamento, la lotta di classe e la ricerca di una società più equa ha galvanizzato i movimenti che lottano per i diritti dei lavoratori, l'uguaglianza di genere, la giustizia razziale e la sostenibilità ambientale. Attivisti e organizzatori hanno attinto al linguaggio e all'analisi di "Capital" per mobilitare e articolare le loro richieste, evidenziando la rilevanza e la portata in corso dell'opera di Marx.

Capitolo XVII
LE 50 CITAZIONI CHIAVE DI KARL MARX

1.
"Lavoratori di tutto il mondo, unitevi; non avete nulla da perdere se non le vostre catene."

2.
"I filosofi hanno solo interpretato il mondo, in vari modi: il punto, però, è cambiarlo."

3.
"La democrazia è la strada per il socialismo."

4.
"Segui la tua strada, non importa cosa dice la gente."

5.
"La storia si ripete, prima come tragedia, poi come farsa."

6.
"La religione è l'oppio dei popoli."

7.
"Agli occhi della filosofia dialettica, nulla è stabilito per sempre, nulla è assoluto o sacro."

8.
"Circondati di persone che ti rendono felice. Persone che ti fanno ridere, che ti aiutano quando sei nel bisogno. Persone a cui importa davvero. Sono loro quelle che vale la pena tenere nella tua vita. Tutti gli altri sono solo di passaggio."

9.

"L'ultimo capitalista che impiccheremo sarà quello che ci ha venduto la corda."

10.
"Non sono niente, ma devo essere tutto."

11.
"Il mio scopo nella vita è detronizzare Dio e distruggere il capitalismo."

12.
"Se riesci a separare le persone dalla loro storia, allora possono essere facilmente persuase."

13.
"Il progresso sociale può essere misurato dalla posizione sociale del sesso femminile."

14.
"Il denaro è l'essenza alienata del lavoro e dell'esistenza dell'uomo; questa essenza lo domina ed egli la adora."

15.
"Il denaro degrada tutti gli dei dell'uomo e li converte in merci."

16.
"Le idee non esistono separatamente dal linguaggio."

17.
"Non abbiamo compassione e non chiediamo compassione a voi. Quando verrà il nostro turno, non cercheremo scuse per il terrore."

18.

"La religione è il sospiro della creatura oppressa, il cuore di un mondo senza cuore e l'anima di condizioni senza anima. È l'oppio del popolo."

19.
"Lasciate che le classi dominanti tremino per una rivoluzione comunista. I proletari non hanno nulla da perdere se non le loro catene. Hanno un mondo da vincere. Lavoratori di tutti i paesi, unitevi!"

20.
"Tutta la cosiddetta storia del mondo non è altro che la creazione dell'uomo attraverso il lavoro umano."

21.
"Da ciascuno secondo le sue capacità, a ciascuno secondo i suoi bisogni."

22.
"Il comunismo è l'enigma della storia risolto, e sa di essere questa soluzione."

23.
"C'è un solo modo per uccidere il capitalismo: con le tasse, le tasse e ancora tasse."

24.
"Essere radicali significa cogliere le cose alla radice."

25.
"Nel mio tempo libero mi occupo di calcolo differenziale e integrale."

26.
"L'alienazione dell'uomo appariva quindi come il male fondamentale della società capitalista."

27.
"Non è la coscienza degli uomini che determina il loro essere, ma, al contrario, il loro essere sociale che determina la loro coscienza."

28.
"Gli uomini creano la propria storia, ma non in circostanze da loro scelte."

29.
"L'educazione di tutti i bambini, dal momento in cui possono vivere senza le cure della madre, deve avvenire in istituzioni statali."

30.
"Fai attenzione a fidarti di una persona a cui non piace il vino."

31.
"La critica della religione è l'inizio di ogni critica."

32.
"Il compito non è solo comprendere il mondo, ma cambiarlo."

33.
"Il lusso è l'opposto di ciò che è naturalmente necessario."

34.
"La vera legge dell'economia è il caso, e noi gente istruita cogliamo arbitrariamente pochi momenti e li stabiliamo come leggi."

35.
"Esiste un solo antidoto efficace contro la sofferenza mentale: il dolore fisico."

36.
"Il fascismo al potere è la dittatura aperta e terroristica degli elementi più reazionari, più sciovinisti, più imperialisti del capitalismo finanziario."

37.
"La musica è lo specchio della realtà."

38.
"La teoria del comunismo può essere riassunta in una frase: abolire ogni proprietà privata."

39.
"La bellezza è la principale forma positiva dell'assimilazione estetica della realtà, nella quale l'ideale estetico trova la sua espressione diretta."

40.
"L'esperienza elogia il più felice, colui che ha reso felici più persone."

41.
"Il passato incombe sul presente come un incubo."

42.
"Dai, vattene, le ultime parole sono per gli sciocchi che non hanno detto abbastanza. Alla sua governante, che lo ha esortato a dirle le sue ultime parole così che potesse scriverle per i posteri."

43.
"Il mondo religioso non è altro che un riflesso del mondo reale."

44.

"La vita non è determinata dalla coscienza, ma la coscienza dalla vita."

45.
"Il denaro gioca il ruolo più importante nel determinare il corso della storia."

46.
"L'arma della critica non potrà mai sostituire la critica delle armi."

47.
"Ogni inizio è difficile, vale per tutte le scienze."

48.
"Non si devono consegnare armi e munizioni sotto nessun pretesto; ogni tentativo di disarmare i lavoratori deve essere sventato, con la forza se necessario."

49.
"Prendi un pesce per un uomo e puoi venderglielo. Insegna a un uomo a pescare e rovinerai una meravigliosa opportunità di business."

50.
"Il primo requisito per la felicità del popolo è l'abolizione della religione."

Milton Keynes UK
Ingram Content Group UK Ltd.
UKHW032034191024
449814UK00010B/533